Colores Para La Vida

Un Libro de Trabajo

Jasmine Sears

MARTHA SORIA SEARS

BALBOA
PRESS

A DIVISION OF HAY HOUSE

Puede hacer pedidos de libros de Balboa Press en librerías o poniéndose en contacto con:

Balboa Press
Una División de Hay House
1663 Liberty Drive
Bloomington, IN 47403
www.balboapress.com
1-(877) 407-4847

Debido a la naturaleza dinámica de Internet, cualquier dirección web o enlace contenido en este libro puede haber cambiado desde su publicación y puede que ya no sea válido. Las opiniones expresadas en esta obra son exclusivamente del autor y no reflejan necesariamente las opiniones del editor quien, por este medio, renuncia a cualquier responsabilidad sobre ellas.

El autor de este libro no ofrece consejos de medicina ni prescribe el uso de técnicas como forma de tratamiento para el bienestar físico, emocional, o para aliviar problemas médicas sin el consejo de un médico, directamente o indirectamente. El intento del autor es solamente para ofrecer información de una manera general para ayudarle en la búsqueda de un bienestar emocional y spiritual. En caso de usar esta información en este libro, que es su derecho constitucional, el autor y el publicador no asumen ninguna responsabilidad por sus acciones.

ISBN: 978-1-4525-9431-6 (tapa blanda)
ISBN: 978-1-4525-9432-3 (libro electrónico)

Las personas que aparecen en las imágenes de archivo proporcionadas por Thinkstock son modelos. Este tipo de imágenes se utilizan únicamente con fines ilustrativos. Ciertas imágenes de archivo © Thinkstock.

Impreso en los Estados Unidos de América.

Fecha de revisión de Balboa Press: 03/28/2014

Este libro no hubiera sido posible sin el cariñoso respaldo y participación de mi familia. Todo mi amor y gratitud para mis hijos: Jasmine, Castile, y Ch'ney, mis padres Martha y Roberto Soria, y mi amigo de por vida Louis Sears.

Tabla de Contenidos

PREFACIO

¿Y si Yo te dijera que pintar de colores los dibujos es divertido y una manera fácil de resolver esos problemas, situaciones, y temores que te han causado estrés y ansiedad?

Martha Soria Sears es una Hipnoterapista clínica, y consultante a negocios pequeños y transformación personal. Por más de treinta años ella ha dado clases y entrenado a todo tipo de personas.

Martha usa un método multidisciplinario que incluye trabajar con los cinco sentidos, color, visualización, e hipnosis. Su método es único y ha sido comprobado exitosamente en el control del estrés, resolver problemas, encontrar claridad de propósito, y lograr balance y harmonía.

El método enseñado en este libro ha sido creado del trabajo y de las sesiones con los clientes. Temprano en su trabajo, Martha noto que únicamente hablando y proveyendo información no era suficiente para traer cambios en la situación de la persona. Sus clientes sintieron que necesitaban poseer su solución en una manera más tangible. Martha respondió a esta necesidad creando medios que permitieran a sus clientes participar en la solución diseñada al permitir que su subconsciente provea información y respuestas atreves del proceso.

El concepto original era que el Yo interno está tratando de expresar una emoción o un elemento de estrés. Un vehículo para esta expresión es el color. El ejercicio era usar crayones para colorear dibujos; seleccionando al azar el uso de los colores. El intento no era tener dibujos hermosos sino dar comienzo a el proceso del dialogo interno. Durante sus sesiones, Martha y sus clientes descifrarían juntos lo que el subconsciente estaba expresando. Una vez que la expresión fue entendida, Ellos establecerían un plan de acción. Una de las acciones seria re-colorear el mismo dibujo con la intención de representar el estado deseado de la mente.

Al principio, los clientes se sentían conscientes de sí mismos acerca de producir dibujos con los colores fuera de las líneas de los dibujos. Otros produjeron dibujos con árboles pintados con color purpura y gente con la piel de color verde. Después de unas sesiones de trabajo, la gente comenzó a sentir alivio y calma. Algunos clientes hicieron este ejercicio parte de su rutina en las mañanas para poder llegar a sus trabajos sintiéndose con mente despejada y llenos de energía. Otros clientes dijeron que Ellos iban a mantener un libro para colorear y crayones (lápices de color) en sus escritorios en el trabajo. Y si comenzaban a sentir estrés, sacarían su libro para colorear y trabajar por unos minutos.

Esta gente encontró que solamente tomando unos minutos para colorear, aclararía sus mentes

Lo suficiente para atacar el estrés que tenían delante. El beneficio más común expresado era que este ejercicio les dio la habilidad de desactivar el estrés y acrecentar su mente creativa.

Después de muchos años y cientos de dibujos, unos patrones comenzaron a emerger, Martha documento estos patrones y el uso para desarrollar una guía para interpretar las aplicaciones más comunes del color. Con esto permitiendo a sus clientes hacer sus propias traducciones.

SECCIÓN I

Introducción

COMO USAR ESTE LIBRO

¿Has alguna vez observado a un niño con su libro de colores, pintando rayas que van en todas direcciones y los colores no reflejan una realidad? ¿Y has notado que satisfecho y feliz se siente cuando ha terminado? A menudo como niños, inherentemente sabemos lo que tenemos que hacer para estar felices y saludables. ¿Estás listo para descubrir el más rápido, más simple, y la más entretenida forma de descifrar tu dialogo interno y usarlo para obtener salud, claridad y paz?

La premisa básica usada en este ejercicio es que somos energía y estamos rodeados de energía. Esta frecuencia a la cual esta energía vibra correlato con el color. La energía emana de nosotros y al mismo tiempo estamos absorbiendo energía, cada situación es un intercambio de energía entre nosotros y nuestro medio ambiente. Algunos terapistas del color van aún más lejos al decir que esta es la razón que presentamos la gente enojada con la cabeza roja, o gente enferma de color verde. La opinión es que estas expresiones comenzaron porque la gente hasta cierto nivel siente que las vibraciones de este color emanan de la persona. Algunos estudios han sido conducidos con un grupo de personas con tendencias violentas, y que son rodeadas con un color que las calme. Por ejemplo criminales violentos son puestos en un cuarto que todo es de color rosa para calmarlos. Estos estudios han demostrado que de hecho el color afecta a la persona. Estos mismos estudios han demostrado que cuando la misma gente violenta ha sido removida del cuarto color rosa, su naturaleza violenta lentamente regresa a sus niveles originales. Esto nos demuestra dos cosas claves: Primero que el efecto del color es real; segundo, que para obtener los efectos deseados se necesita más de una sola aplicación. La razón es que la energía de la persona necesita ser reprogramada hasta que la nueva frecuencia pueda permanecer por sí misma.

Esto, nos lleva a preguntar como absorbemos el color. Este es un hecho bien reconocido que nuestros sentidos siempre están registrando información, aun sin estar conscientes de ello. En años recientes la consideración a la importancia del color ha aumentado desde escoger modelos de color que lucen mejor en nosotros, basándose en nuestro tipo de personalidad, hasta usar el color para mejorar nuestro ánimo y salud.

Un estudio hecho por el departamento de Psicología, de la Universidad de Waikato, Hamilton, Nueva Zelanda hizo un estudio acerca de los efectos del color en niños de edad pre-escolar. Los resultados fueron positivos. La fuerza física y el temperamento de producción creativa fueron medidos en seis niños de edad pre-escolar en seis salones pintados en diferentes condiciones llamadas en un diseño ABACAB. La fuerza física y el temperamento altamente positivo, fueron demostrados en un salón de color rosa, mientras lo opuesto fue encontrado en un salón pintado de color azul. Los resultados fueron interpretados como prueba de las diferentes funciones que impactan los colores en niños de edad-pre escolar. Los resultados fueron positivos.

En la Universidad del Estado de California en San Diego en el departamento de Enfermería, se hizo un estudio controlado en 1982 participando 60 mujeres de edad mediana quienes sufrían de artritis reumática. Los pacientes pusieron sus manos dentro de una caja con una luz azul y fueron expuestas a la luz por 15 minutos. El resultado fue un alivio significante el cual progreso con más tratamientos.

Al comienzo de este capítulo, exploramos que la corriente de energía es bi-direccional. También hablamos de que cuando nos exponemos a un color en particular podemos traer un cambio ya sea

En nuestro temperamento o en nuestro físico propio. "Pero qué significado tiene todo esto para mí?" Nos podemos preguntar. Bueno tomemos un problema muy común en nuestras vidas hoy día y veamos cómo podemos aplicar estos conceptos para tratamiento.

La tensión es un problema que como plaga, nos afecta a todos, sin importar raza, estado socio-económico, edad o género. Los niveles prolongados de alta tensión (estrés) en nuestras vidas puede traer consecuencias negativas tanto en lo emocional como en lo físico. Pero la tensión no aparece sin razón. La tensión (estrés) requiere algo que la origine, requiere una razón para aparecer. Si vemos la tensión desde otro punto de vista, podemos decir que la tensión, es nuestro sub-consiente tratando de decirnos que hay algo en nuestra existencia que esta fuera de balance. La tensión nos está diciendo que hay algo que necesitamos corregir. Pero debido a que nuestra comunicación con el Yo-interior no es muy buena, nuestra interpretación es equivocada y continuamos viviendo sin resolver lo que está mal. Continuamos viviendo con una falta de entendimiento, ignorando las señales de advertencia, entramos en una espiral hacia abajo. ¿Suena esto algo muy familiar? Algunas veces hay personas que se dan cuenta de que la tensión (estrés) es una señal de un problema más profundo; por ejemplo, inconformidad con el trabajo o con una relación personal. Cuando esto sucede, la persona piensa que necesita hacer cambios mayores para aliviar la tensión y decide cambiar de trabajo, o carrera, o relaciones personales. Por un tiempo siente alivio y felicidad nuevamente. En algunos casos esto puede ser suficiente. Pero, en otros casos la tensión regresa y la persona entra en un patrón de hacer cambios mayores en un intento de escapar de la tensión. ¿Pero, si lo que está causando la tensión, no es el trabajo o la relación personal sino algo más profundo ligado al trabajo o relación personal? ¿Y si pudiéramos entender el aspecto especifico que nos está causando la tensión y vayamos un paso adelante, y que pasa si podemos encontrar la manera de resolver el problema específico con el trabajo o relación personal? Encontrando estos problemas a tiempo, puede sanar la situación antes de que llegue a un punto en que sintamos que es necesario removernos del problema. ¿Pero qué pasa si la manera de enfrentarse al problema solamente se llevó unos minutos y al mismo tiempo divertido hacerlo? ¿Entonces estarías tentado a tomar cargo de tu estrés? No es tan difícil alcanzarlo como puedes pensar.

Este libro de trabajo, usa ejercicios de pintar con colores para poner en acción el estado creativo de tu mente y ayudarte a entender mejor el lenguaje de tu dialogo interno. Siguiendo ese dialogo te puede ayudar a enfrentarte a los problemas que están causando estrés en tu vida.

La primera parte del ejercicio es seleccionar el color del crayón o del lápiz de color de sus respectivas cajas que más te atrae. La suposición aquí es que el color que escojas puede ser el color en que tu cuerpo está vibrando, o el que color que necesitas. Si escoges el color en el que tu cuerpo está vibrando, la forma de pintar será de pintadas fuertes. Dependiendo de qué tan fuertes sean tus vibraciones, puedes sentir el deseo de pintar fuera de las líneas del dibujo. Lo que está pasando es que estas ventilando esta energía expresándola en el color escogido. Por el otro lado, si la forma de pintar fue leve y las pintadas tímidas, lo que está pasando es que tu energía está expresando la necesidad de ser alimentada de este color.

 La segunda parte del ejercicio es descifrar o interpretar tu dibujo. Las guías de interpretación, proveen acciones sugeridas de cómo responder a lo que tú subconsciente expreso. Como vas a ver una vez que entres en los ejercicios, las acciones sugeridas, van más allá del uso del color.

Cada uno de los nueve diseños incluidos en este libro, tienen un simbolismo dirigido a tocar aspectos específicos de la vida. El título de cada dibujo explica el aspecto del que habla. No se espera que pongas color en los dibujos en secuencia. Mejor concéntrate en un aspecto de tu vida que quieras explorar. Revisa los títulos de los dibujos y selecciona el que esté más cerca del tema que quieres trabajar.

Como sugestión sobre cómo usar este ejercicio: no leas por adelantado las guías de interpretación. Ve el dibujo por unos momentos, después ve los colores también por un momento. En esta parte del ejercicio vas a aprender a escuchar a tu Yo-interior. No pongas expectativas sobre cual color va a surgir, simplemente deja que tu vista te guie. Contempla los varios colores y ve cual sobresale. Tal vez encuentres un color que sobresalga muy seguido, o tal vez un color que te causa reacción. Todo esto indica que estas reaccionando a ese color en lo particular, escucha tu voz interior en relación con ese color sin prejuicio. Después de haber terminado de poner color a tu dibujo, vas a tener suficiente tiempo para analizar lo que hiciste. Por el momento dale al ejercicio una oportunidad para comenzar un dialogo entre tú y tus energías.

En algún momento en tu sesión de pintar vas a tener la sensación de no querer continuar pintando. Escucha a tu Yo-interior y para de pintar aun cuando tu dibujo no esté terminado. No estamos esperando hacer dibujos hermosos; este no es un ejercicio de arte. Estamos buscando indicaciones del estado de tu energía

Una vez que tu sesión de colorear está completa, procede a la sección III. La sección III provee una guía de interpretación para cada diagrama. Mientras más trabajes con estos ejercicios, mas tentado vas a tratar de interpretar conforme vas coloreando. Detén esta tentación porque interfiere con el proceso; podrías terminar coloreando lo que quieres y bloquear la comunicación. Para evitar este conflicto, esfuérzate de mantener tu mente en blanco conforme pintas. Si mantener la mente en blanco te es difícil, piensa que estas en la playa o alguna otra cosa que mantenga tu mente fuera de lo que estás haciendo. He tenido personas que me han dicho que conforme están concentradas profundamente en sus sesiones de colorear comienzan a tener revelaciones de eventos o pensamientos específicamente relacionados con el problema. Honra estos pensamientos haciendo notas en algún lugar de la página que estas pintando. Porque conforme estas tratando de aprender el idioma de tu sub-consciente. Tú sub-consciente está continuamente buscando formas de comunicarse contigo.

Algunas veces una sesión de pintar con colores, crea un puente que permite que la información encerrada en tu sub-consciente salga derramada. Esta información puede estar en colores que actualmente ves en tu mente, ojos, o símbolos, o memorias. Toma cada una de estas como información adicional. Escribe la información en la página que estas pintando y luego limpia tu mente otra vez y continua pintando con tus colores. Cuando termines la sesión de pintar con colores, usa las notas que escribiste y agrégalas en la interpretación.

Bienvenidos a esta aventura con colores y goza del viaje.

BIBLIOGRAFÍA

Hamid PN, Newport AG., "Effect of colour on physical strength and mood in children" Percept Motor Skills (August, 1989) pp. 179-85

SECCIÓN II

Ejercicios de Colorear

La Mano Mística

Balancear las Energías de la Vida

Jasmine Sears

El Martillo y La Pared
de Ladrillo

Q̲UITANDO O̲BSTÁCULOS / R̲ESOLVIENDO P̲ROBLEMAS

Chiney Soria

El Compas de la Vida

HACIENDO DECISIONES / ENCONTRAR EL CAMINO

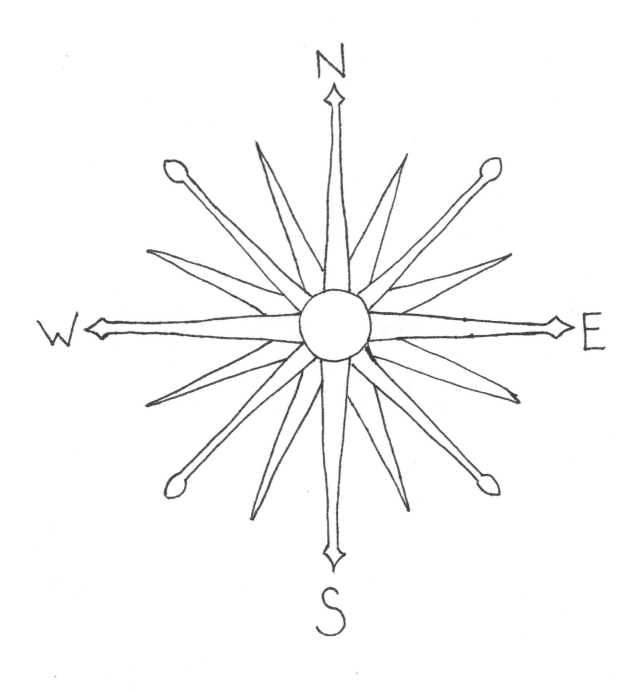

El Árbol de la Vida

Encontrar Fuerza, Crecimiento, y Valor

El Sol

ENCONTRAR ESTABILIDAD, MADURES, Y FAMILIA

La Vela

Encontrar Claridad, Purificación, y La Verdad

Jasmine Sears

Mujer en Flor Lotus

Balancear Poder, Salud, y Belleza

Hombre con Chacras

Balancear Salud, Fuerza, y Poder

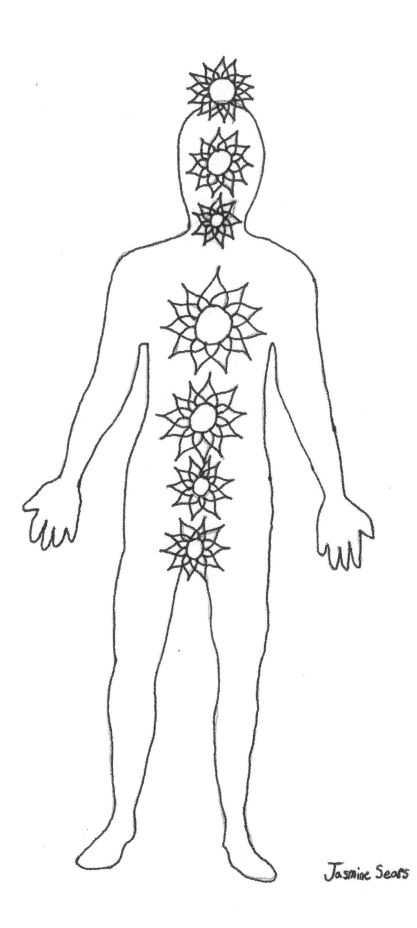

Jasmine Sears

La Flama Eterna en Flor Lotus

Encontrándose a uno mismo

SECCIÓN III

Guías de Traducción

Guias De Interpretacion

El primer paso para interpretar tu ejercicio de aplicar color es revisar tu dibujo. Hay claves en todo lo que has hecho y aun en lo que escogiste no hacer. Conforme trabajas tu interpretación, toma tiempo y piensa que pasaba por tu mente al estar trabajando en tu dibujo, tomando una parte especial en donde tu mente se concentraba. El propósito de estos ejercicios es obtener tantos puntos de información de una sesión de trabajo como sea posible y ponerlos en una manera que tengan significado y mensajes que sean puestos en acción.

Todo lo que está en la página es una clave de lo que tu subconsciente está tratando de decirte. Lo que coloreaste y en lo que no pusiste color; los colores que usaste y en donde los usaste; el tipo de rayón que usaste, ya sea muy marcado o ligero. ¿Los colores se encimaron? ¿O los colores estuvieron separados por espacios?

Cada diagrama tiene algunos simbolismos específicos. El propósito principal está incluido en el título de cada dibujo. Y cada propósito principal tiene subtítulos de áreas con significado inter-relacionadas. Tú selección, de que dibujo vas a pintar, es tu primera clave en lo que quieres trabajar. Esto puede ser que sientes que en esta área de tu vida te falta fortaleza y quieres conseguirla. O, puede ser que sientas que esta área es problemática y necesitas claridad para resolverla o corregirla.

Cada diagrama tiene sus propias guías de interpretación. Las guías de interpretación para sombreado y aplicación de color, son para todos los diagramas, esa es la razón que las discutimos aquí.

SOMBREADO Y RAYÓN DEL COLOR

Escoge una sección de tu dibujo que tenga color. Cada color que pusiste en tu dibujo tiene una personalidad. Tiene una aplicación en el dibujo; fuerte, suave, fuera de las líneas, o parejo. Cada tipo de rayón provee una clave específica al estado mental y emocional acerca de ese color y simbolismo en esta sección de tu dibujo. Lo mismo va con el sombreado del color que escogiste. ¿Es tu color claro o borroso? Hablemos acerca de lo que estas diferencias proveen en forma de claves para comprender. Un color puede tener múltiples aspectos, al leer la lista seleccionada conforme se puede aplicar. Por ejemplo: Un color puede ser claro y fuerte y tener aplicación de color parejo. Y cada uno de estos aspectos ayudara a la interpretación específica.

Sombreado Claro Cuando un color es escogido y es presentado como claro, esto significa que tú intentaste darle su forma pura- un color no adulterado. Esto quiere decir que tú mismo tienes claridad en esta área de tu ser. Estas siendo honesto con ti mismo acerca de tus emociones en este tema.

Sombreado Sucio Un color sucio es cuando pones color negro o café encima del color original. Por ejemplo si el color base es rojo y pones encima color negro o café ya sea con rayones, manchas o sombreado. Cuando pintas sombreado sucio, tu Yo-interior te está diciendo que le falta claridad a tu tema, ya sea que tengas demasiada carga asociada con tu este aspecto, o porque tienes emociones complicadas o información complicada. De Cualquier manera hay necesidad de que explores tus emociones más profundamente y tu posición en este asunto, porque la condición en que estas, tu mente no está clara sobre este tema.

Fuerte/Atrevido Cuando un color es fuerte y puesto en tal forma que su aspecto es explosivo. Tal vez pintaste los colores repetidamente para hacerlos representar las emociones que tienes acerca de este tema. Así como los colores fuertes, tus emociones en el color y tu punto de vista son muy apasionados; ya sea bueno o malo; depende en el color mismo. Lo que este tipo de rayón dice es que tú quieres es gritar tu opinión acerca de este asunto. Sientes que estas bien y quieres predicar o defender tu posición.

Pastel/Ligero El color pastel es diferente del color ligero. Al escoger el color pastel o el color ligero significa que hay sentimientos acerca del tema. No hay la necesidad de tener mucha discusión porque tu sientes que estas en lo correcto. Tu sientes que no necesitas defender tu punto, simplemente así es y esto es suficiente para ti.

Fuerte/Aspero Fuerte es diferente de atrevido, el rayón sobre la página hace una impresión en la página. Si sientes la parte de atrás del papel puedes sentir las impresiones de los rayones. Este tipo de raya, indica que has presionado tu frustración o enojo sobre este asunto. Esto es diferente de pasión. Con la pasión, el deseo es expresar la emoción no imprimirla; esto hace el rayón atrevido versus áspero. En un rayón áspero, el deseo es forzar o golpear el asunto o emoción en sumisión. Esto es ventilar la emoción en el color. La sugestión es colorear de nuevo esta área con color rosa o azul (amor y tolerancia) y poner los colores suaves, parejos y gentiles. Esta acción manda un mensaje a tu Yo-interior de que tú puedes resolver esta emoción y problema en una forma positiva y benigna.

Suave/Timida   Estos rayones apenas se ven, mientras menos se ven, más miedo hay en esta área (ve el símbolo) o en expresar esta emoción (ve el color) checa tu banco de memorias. ¿Hay alguna historia de eventos que han programado este temor? ¿Acaso tu situación ha cambiado y ahora este temor es un habito? Analiza cómo puedes resolver este temor. El rayón más tímido extremo que he visto estaba combinado con pintadas temblorosas. Si este temor es una respuesta a una situación de peligro de vida, tu dibujo te está diciendo que es tiempo para que busques a un profesional o una organización que te ayude a salir adelante.

Pintadas Parejas   Una pintada pareja significa que estas tratando de ser muy balanceada (o) acerca de esta emoción o tema. ¿Es este balance real o es un intento de esconder tus sentimientos verdaderos? Ve profundamente en esta pintada. ¿Es la pintada natural, suave o balanceada? ¿O es una pintada controlada? Si es natural, entonces es un área que has resuelto ya y solamente necesitas reconocer que estas en paz con ella. Y si es una pintada controlada, entonces es una área en donde estas tratando de decirte a ti misma (o), que tu estas en paz con sí misma, pero en realidad estás negando tus verdaderos sentimientos sobre el tópico. Prueba nuevamente pintado y en esta ocasión no dejes que interfiera contigo. Deja que el color sea pintado y luego interprétalo. Una pintada controlada, indica que estas forzando la interpretación que tú sabes que no es la verdadera.

Rayones Atrevidos   Estas pintadas, son similares a las pintadas atrevidas, pero el color aparece ser flechas de color, parecidas a los rayones atrevidos, tus emociones sobre este tema son muy fuertes y cerca de la superficie, pero no son necesariamente emociones negativas. Lo que la pintada te está diciendo es que necesitas acción en este asunto. Necesitas saber que estás haciendo algo sobre este asunto, que estás listo (a) para actuar. Así que toma tiempo para discutirlo contigo mismo. ¿Estás haciendo algo para solucionarlo, pero no te das crédito por tus esfuerzos? ¿O "el hacer algo" está fuera de tu control? ¿Esto es algo en que necesitas ayuda para poner las cosas en acción? Estas pintadas Indican que quieres cambio y que estás listo para solucionarlo, pero lo que está pasando no es lo suficiente rápido. Tú necesitas un plan de acción.

Cada uno de los diagramas de interpretación tiene sugestiones completas de cómo desactivar áreas específicas que han sido expresadas en tu dibujo. Estas han sido nombradas "Acción sugerida". Como el nombre lo indica, estas son sugestiones sobre qué hacer para reversar, sanar, O encarecer una situación. Hay un tipo general de ejercicio que puede ser aplicado a todos los diagramas. Este ejercicio esta descrito abajo.

Accion para todo lo sugerido

Por ahora tienes un mejor entendimiento de las áreas que quieres trabajar, basadas en la forma que tu Yo-interior ha expresado en los colores. Tu quieres calmar o sanar varias áreas, porque al entenderlas pondrás un fin en su mente sobre ellas. En este caso hay una forma calmada para completar tu sesión. Primero, sige la meditación señalada como ha sido descrita en su guía de interpretación. Segundo, colorea el mismo diagrama nuevamente, pero en lugar de dejar que tu yo personal, guie la sesión, deja que tu yo consciente guie. Has con buen propósito la selección de colores, sombreado y aplicación de color basados en lo que tu quieres sanar, corregir o resaltar. Por ejemplo, si tienes un área en la cual siente flaqueza, entonces usa el color que describa lo que tu quieres sentir y dibújalo con claridad y forma atrevida y continúa así desarrollando el dibujo basado en el lugar que tu quieres estar en relación a los símbolos. Nuevamente la intención no es crear un dibujo bonito, sino enviar un mensaje a tu Yo-interior en el mismo lenguaje en que él se ha comunicado contigo.

Mano Mística

Balanceando Las Energías De La Vida

Si tu has escogido La Mano Mística como su ejercicio de pintar, este ejercicio en si nos da una clave. La clave es que tienes múltiple áreas que quieres tocar o resaltar. Tu estas lista(o) para trabajar en ellas y estas lista(o) para cubrir varias. La Mano Mística te ofrece la oportunidad para dialogar más que ningún otro diagrama en este libro.

El simbolismo de este diagrama es que cada uno de nosotros es multi-facetico. Nuestras vidas son un balance continuo de los diferentes aspectos de nuestro yo. La topología de la mano puede ser usada para identificar áreas de nuestra vida. Mas significado puede también ser derivado de los símbolos en cada punta de los dedos. Lee completamente la guía de interpretación para entender lo que tu dibujo esta expresando.

SOLAMENTE UN COLOR ATRAVESÓ DE TODO EL DIBUJO

Esto indica a menudo que hay un aspecto de sí mismo que domina toda la forma de ver la vida. Tu estas teniendo dificultad en controlar otros asuntos porque este aspecto está completamente fuera de balance y tal vez fuera de control. Típicamente esto sucede con los colores descritos más adelante. Si tu color no está mencionado abajo, puedes encontrar donde el color es mencionado y aplicar la interpretación, usando el mismo sistema recomendado más adelante. Y si el color nos es encontrado en ningún lugar, entonces piensa en qué clase de combinación de colores se necesita para obtener el color deseado y use una combinación de interpretaciones de esos colores. Ten en mente, trabajar también con el tono y aplicación en su interpretación.

El color que usted seleccione le indica que aspecto esta fuera de balance:

Rojo   Tus emociones están en control ahora mismo. Estas teniendo dificultad en pensar correctamente ya sea porque tus emociones son apasionadas, temor, lastimadas, enojo o frustración. Tu yo personal está ventilando esta energía y necesita ser reconocida. **Acción recomendada:** Deja que tu cuerpo exprese esta energía acumulada Sal a dar un paseo, haz ejercicio, canta opera, o toma papel en blanco y llénalo con rayones de color rojo. Una vez que esta energía ha sido ventilada, siéntate a relajarte con tus ojos cerrados. Toma una aspiración profunda y mantenla por unos segundos luego deja salir el aire lentamente, repite el proceso dos veces más y continua sentada(o) respirando normalmente con los ojos cerrados, ahora con los ojos de tu mente, vete a ti misma (o) rodeada por una luz blanca refrescante. Siente como esta luz blanca te calma. Siente como alivia tu dolor . Con cada Respiración respira en esta luz refrescante. Con cada exhalación echa fuera lo que queda de la energía roja. Después de algunas respiraciones vas a notar que el rojo que estas exhalando es cada vez más tenuo y comienza a verse color rosa. Agradece a tu Yo-personal por comunicarse y trabajar para traer un estado balanceado. Cuenta hasta tres y abre tus ojos. Respira profundamente. Has terminado este ejercicio.

Azul

Tú, tienes preocupaciones acerca de tus relaciones interpersonales; esto tal vez sea con familia, amigos, O personas en el trabajo. Te sientes como que una o más relaciones te están causando estrés, pero debido a quienes son, sientes que no tienes recursos para cambiar la situación o cambiar a ellos. **Acción sugerida**: Hay cosas que necesitas decir a esta persona o personas y por alguna razón no te sientes seguro de decirlo. Toma una hoja de papel y escribe todo lo que les quieres decir. Termina la carta escribiendo la reacción de esta o estas personas, o como te gustaría que cambiara esta relación. Dobla la carta, métela en un sobre, y séllala.

Escribe el nombre de la persona o personas. Ahora toma otra hoja de papel y escribe una carta dirigida a ti mismo describiendo como te gustaría resolver esta situación. ¿Si esta situación era perfecta, qué harías o que te gustaría decir? Escribe todo en la carta que estas dirigiendo a ti mismo. Dobla el papel, insértalo en un sobre y séllalo y escribe tu nombre. Ahora sosteniendo las dos cartas en tu mano, comienza una meditación. Siéntate cómodamente y cierra los ojos. Toma un aspiración profunda y detenla por unos segundos, luego exhala. Repite esto dos veces más. Ahora respirando normalmente, continua en posición sentada, relajada con tus ojos cerrados. En tu ojo mental, vete a ti mismo sentado en frente de la persona a quien dirigiste la carta. Dile o diles cómo te sientes. Escucha lo que te dicen, continua la conversación con ellos. Está consciente de mantener la conversación fija, en otras palabras no te dejes ir en detalles, historias o, otros tópicos no relacionados. Deja que la conversación siga su curso hasta que se termine en forma natural. En seguida diles que es lo que quieres arreglar en esta relación para beneficio de los dos. Diles que tú quieres que esta relación sea una relación saludable. Una relación que es agradable y benéfica para los dos. Dales las gracias por trabajar contigo para alcanzar esta meta. Agradece a tu yo-personal por comunicarse contigo y traer un estado balanceado. Cuenta hasta tres y abre los ojos. Toma una aspiración profunda. Has terminado con este ejercicio. Destruye las dos cartas que escribiste de la manera que prefieras.

Nota especial: El punto es que necesitas terminar con una relación y no sabes cómo. En esta situación la conversación debe de enfocarse en decir adiós. Después de la conversación, imagínate que existe un cordón que conecta a los dos. Agradéceles por ser parte de tu vida y deséales paz y felicidad. En tu mano derecha ve unas tijeras. Vete cortando el cordón que conecta a los dos. Permite que la imagen de transición en ellos se desaparezca o se vaya. Agradece a tu yo-interior por comunicarse y trabajar contigo para regresar un estado balanceado. Cuenta hasta tres y abre los ojos. Toma una aspiración. Has terminado con este ejercicio. Destruye las cartas de la manera que sientas es la mejor.

Verde Tienes preocupación por tu salud o por tu estado físico. Si el sombreado de verde es verde amarillento, entonces tienes preocupación acerca de enfermedad o temor de enfermarte. Si el sombreado de verde es verde oscuro, estas enfocado en tu físico al grado que excluyes los otros aspectos de tu vida. Algunas veces esto sucede cuando las personas están obsesionadas con su cuerpo y se hacen adictos al ejercicio y a las dietas. Esencialmente la razón de tu estrés es que tu cuerpo no es lo que tú quieres y sientes que has fracasado acerca de tu cuerpo.
Acción sugerida: Necesitas pensar acerca de tus percepciones acerca de ti mismo(a)y checar la realidad de tus percepciones. Si sientes que no estas saludable, ve con un Doctor. Si has ido con un Doctor y todo ha salido bien, pero sientes que no puedes dejar de sentirte enfermo, entonces lo que necesitas es meditar sobre qué es lo que está causando el sentirte enfermo. Si estas saludable y el estrés es que tu cuerpo no parece estar como sientes que debe estar. Entonces tu meditación debe de enfocarse en cuál es la razón de que te sientes así y que ocasiona el sentirte así y que lo origino. En adición a la meditación, debes seguir la acción sugerida y medita el ejercicio completo cada mañana antes de comenzar tu día hasta que sientas que tu percepción acerca de tu salud y acerca de tu cuerpo ha regresado y están en balance con el resto de tu vida.

ACCIÓN SUGERIDA EN GENERAL

Necesitas regresar el balance acerca de ti mismo, tomando el mismo dibujo y a propósito colorea la mano con color uniforme usando el mismo color que ahora tiene. Pero esta vez haz que tus pintadas sean suaves y parejas, manteniéndose en las líneas de la mano y las líneas de los símbolos de la punta de los dedos. Luego usando colores diferentes, comienza a colorear los símbolos de la punta de los dedos. En este ejercicio lo que buscas es hacer un dibujo hermoso.

El dibujo hermoso es tu modelo de la nueva forma en que tu vida este balanceada, mientras continúas trabajando en las áreas que te preocupan.

EL COLOR DE LOS DEDOS

Si has aplicado color a todos los dedos, esto significa que puedes controlar todo lo que la vida te presente. Si la aplicación del color es áspero, con rayones, y muy sobresaliente y brillante, puedes tener preocupación por mantener todo que pasa en control y balance. Tu estrés viene de sentirte que no puedes bajar la guardia por un minuto porque sin tu cuidado constante todo se vendrá abajo fuera de balance. Necesitas descansar.

Si la aplicación del color es tímida, esto significa que tu estrés viene de que sientes que tu vida no tiene significado en todo lo que haces. Puede ser que estas muy ocupada (o) pero no es la clase de ocupación que es importante, lo que buscas es más significado o sentido en tu vida. Puede ser que mientras encuentras este significado en tu vida, puedes hacer trabajo voluntario o tomar clases en algo que siempre has querido aprender.

Si solamente pusiste color en algunos dedos pero no en todos, entonces lee el significado de cada dedo. Los dedos en los que no aplicaste color quiere decir que por el momento no te preocupan, tienes esta área en tu vida que esta 'EN AUTO-PILOTO" por un tiempo.

Si no aplicaste color a ningún dedo, pero concentraste tu color únicamente en los símbolos en la punta y en la palma. Esto significa que quieres concentrarte en cosas más elevadas. Tu estrés viene de sentirte más preocupada con las tareas cotidianas. Tu estrés viene por sentirte que no tienes tiempo para enfocarte en cosas más importantes. Necesitas descansar por unos días y enfocarte en estar organizada. Tu falta de organización te pone en un estado reactivo en la vida lo que te hace sentir que no estás en control.

EL SIGNIFICADO DE LOS DEDOS

El dedo pulgar simboliza el lado práctico de la vida. Esto es parte que toma cuidado del nivel de sobrevivir; tales como pagar las deudas y conservar un trabajo estable. Cuando este dedo se le ha aplicado colores fuertes, entonces hay estrés en esta área. Estas siendo responsable pero no te sientes feliz en el proceso. Ya sea que sientas que estás trabajando muy duro y no estas contenta(o) con la clase de trabajo que haces. Cuando este dedo se ha pintado con color suave, tímido, entonces sientes que esta parte de tu vida está bien, no excelente pero no es el tiempo para cambiar.

El dedo índice simboliza tu futuro. Esto es la parte de ti que está planeando la dirección de tu vida. La tarea de esta parte de tu vida es planear, ahorrando para el futuro, trabajando para obtener una promoción en el trabajo, encontrar pareja, planear la familia. Estos son planes, no sueños. Cuando a este dedo se le aplica color fuerte, quiere decir que tienes estrés de no poder alcanzar estos planes. Por ejemplo estas preocupada(o) de no tener suficiente dinero para mandar a tus hijos a la escuela. Cuando a este dedo se le ha aplicado color tímido, sientes que la puedes pasarla bien, lentamente pero seguro.

El dedo de en medio Simboliza tus aspiraciones y sueños, esto es parte de ti que se extiende más allá de la vida que llevas hoy y de la vida que te gustaría vivir. Cuando a este dedo se le ha aplicado colores fuertes, significa que tu estrés viene de sentir que nunca alcanzaras tus sueños. Si este dedo tiene colores tímidos, te sientes que es inútil tener sueños porque tus oportunidades de alcanzarlos son muy pocas.

El dedo del anillo simboliza entrega, o compromiso. Este compromiso puede significar matrimonio, escuela, carrera o, otras áreas importantes que sientes ser de largo compromiso. Si este dedo tiene aplicación de color que es parejo y suave, hay indicación de estrés debido a disturbio en las áreas de tu compromiso. Si hay pintadas fuertes y suaves, tu estas fuerte y claro en tu compromiso. Si hay aplicación de color suave y tímido, esta es un área en la que sientes que de tu parte hay compromiso, pero de las otras partes no existe compromiso igual. Si todo lo que hiciste fue pintar parcialmente el dedo dejando áreas blancas en el centro, tú quieres este compromiso pero no está segura(o) de lo que cuesta. Viceversa si tu color no toca las orillas del dedo, entonces tu sabes que es seguro y deseas estar comprometido, pero no estas lista(o) para expresarlo.

El dedo menique simboliza el menos visible pero tiene aspectos importantes que hace de tu vida algo especial. Tal vez quieres ser reconocida(o) en esta forma, o la manera en que quieres expresar amor, la manera en que te organizas y organizas a otros. En general este dedo nos habla de los toques finales que pones en tu vida. Algunas veces ves este dedo es coloreado hermosamente aun cuando los otros no lo están. Esto significa que te sientes orgullosa(o) de los toques finales que pones en quien eres. Si el dedo menique esta blanco, esto significa que no has decidido lo quieres que tu expresión individual sea. Otra cosa que podemos notar en el menique es que tiende a hablar más expresivamente de tu gusto e individualidad en lugar de mantenerlo callado. La gente consciente de la moda tiene un color visible en este dedo. La gente inclinada a la naturaleza tiene un color mas bajo en su menique.

LOS COLORES USADOS EN LOS DEDOS

Lea la sección en la guía de interpretación para el dedo especifico, luego vea el color descrito abajo. Combinando la guía con el dedo especifico, sombreado y aplicación de color puedes obtener un entendimiento más preciso de lo que tu pintura expresa.

Rojo/Pulgar Esto significa alguna frustración o enojo hacia el nivel de sobrevivencia. Por ejemplo, preocupación por el pago de las deudas o enojo por la situación que tienes que tolerar en el trabajo para ganar lo suficiente para pagar las deudas.

Lee el significado del dedo y ve cual área del nivel de sobrevivencia te está causando este estrés.

Acción sugerida: crea un plan de acción de cómo puedes mejorar esta situación. Si tu enojo es por la clase de trabajo que estás haciendo, entonces tu plan de acción incluye que busques otro tipo de entrenamiento en el trabajo que te gustaría hacer.

Rojo/El Dedo Índice Esto significa que estas frustrada (o) con la dirección que lleva tu vida. La frustración puede ser que se deba a que sientes que no tienes control de la dirección a la que vas o no poder decidir la dirección de tu vida. De cualquier manera, tu tensión es el sentirte atrapado o detenido del futuro que deseas. **Acción sugerida**: Analiza en que situación está ahora, escribe las cosas buenas y malas en las que te encuentras en la actualidad. El hacer un inventario de tu vida te ayudara a ver que no todo está mal y que algunas cosas malas son temporarias. Una vez que has analizado en que condición te encuentras, el siguiente paso es identificar en qué posición quieres estar en cinco, diez o veinte años. ¿Cuáles son tus metas? ¿Y finalmente que necesitas hacer para alcanzar tus metas? Por ejemplo: más dinero, mejor educación, diferentes relaciones, etc. Cuando termines este mapa de hacia dónde te diriges, necesitas programar o rehacer tu vida cotidiana para que te sientas que estas tomando los pasos necesarios para alcanzar tu metas. Maneja tus expectaciones comenzando con pasos cortos cada semana teniendo una meta a la vez. Cuando sientas más confianza de que tu plan está trabajando, puedes ajustar tus expectaciones y tu plan respectivamente.

Rojo/El Dedo Medio Este dedo habla acerca del futuro, pero no como el dedo índice, este dedo habla más acerca de tus fantasías o sueños. Cosas que te gustaría realizar, pero que no son reales. Si has puesto rojo en este dedo esto significa que tu mundo de fantasías te está causando estrés. Esto quiere decir que lo que comenzó como un sueño para escapar tu vida de cada día, se ha convertido en enojo de "Porque no puedo tener esto?" Necesitas hacer un análisis real. Si en realidad quieres alcanzar ese sueño, Establece metas para alcanzarlo en lugar de únicamente soñar. Lo que sucede es que has confundido tu sueño con la dirección en que va tu vida y necesitas aclarar cuál es cual. Una vez que has aclarado que es tu sueño y cuál es tu meta actual, entonces podrás ajustar propiamente.

Rojo/El Dedo del Anillo Esto significa estrés sobre tus resoluciones. Ya sea que sientes que no eres capaz de continuar con tus resoluciones y tienes sentimientos de enojo o de culpabilidad. O sientes que algo ha cambiado en la situación y la resolución no está trabajando. El rojo en este dedo significa que debe de haber un dialogo contigo misma (o) y con aquellos involucrados en la resolución, de acuerdo con el nivel de responsabilidad y reciprocación. Algunas veces necesita ser ajustada, sanada y fortalecida ya sea por ti o por los otros involucrados. Rojo, la descripción del dedo del anillo para mejor entender que es lo que cabe en la categoría de la resolución. Ve los otros dedos para obtener mejores claves para ver qué es lo que está causando que esta situación no sientas que está bien. Por ejemplo, si hay estrés en el dedo índice asi como en el dedo del anillo, esto puede ser que tu resolución no está sincronizada con tus planes para el futuro. Antes de hacer algún cambio, pregúntate si los elementos que están en conflicto, están mutuamente exclusivos, o estas asumiendo que en la resolución todo está incluido, cuando en realidad no lo está. Un ejemplo de esto es que si el rojo se extiende más allá de las líneas del dedo. Esto nos dice que tus resoluciones se han extendido más allá de lo que originalmente planeaste. Habla con las otras personas o persona para traer esta situación en balance.

Rojo/El Dedo Menique Esto significa que tienes estrés acerca de tu apariencia. Algo te ha hecho sentir que no tienes la apariencia que quieres que otros vean en ti. Esto puede ser comportamiento, apariencia, o círculo social. Esto no necesariamente quiere decir que no te sientes que eres bien parecido como para tener amigos ricos. El descontento puede ser de cualquier manera, en otras palabras, te puedes sentir mal por el hecho de que la gente hace suposiciones acerca de ti por el hecho de ser rico(a) o bien parecido(a) y quieres que ellos te vean cómo eres, pero no sabes cómo hacerlos pensar diferente. Piensa estereotípicamente, estas rechazando estereotipos o estas tratando de ser uno. Necesitas claridad acerca de quién eres y a quien quieres aparentar porque no existe sincronización por el momento.

Anaranjado/El Dedo Pulgar Estas estresado(a) sobre tu nivel de sobrevivencia-Ya sea que muchas cosas están pasando o que no están pasando suficientes cosas. Si el color esta brilloso y atrevido entonces sientes que es mucho lo que está pasando y no puedes abarcar todo te sientes desconcertado(a) por todo lo que pasa. Si el color es débil y no cubre todo el dedo, entonces sientes que tu nivel de sobrevivencia es aburrido y desagradable. Necesitas encontrar algo que traiga placer de nuevo en tu vida. El anaranjado es un color físico, por lo tanto comenzar una rutina de ejercicios te ayudara a regresar tu balance rápidamente. Mira a los otros dedos para obtener más información. Por ejemplo: Si tu dedo del anillo demuestra estrés también, entonces puede ser que tu nivel de sobrevivencia ha echado fuera el romance y la pasión de tu vida.

Anaranjado/El Dedo Índice significa que hay estrés acerca de la cantidad de acción hacia tu futuro. El anaranjado es un color físico y nivel de sobrevivencia, esto puede ser que sientas que no has podido ahorrar suficiente dinero para tu futuro. O, sientes que tu trabajo actual no provee suficiente dinero para alcanzar tus metas. Desde el punto de vista físico, puede indicar que no estás haciendo suficiente esfuerzo hacia tu futuro. En otras palabras, tal vez sientas que te estas quedando atrasado o, que otros asuntos te están estorbando para alcanzar tus metas. Toma inventario acerca de en donde te encuentras y revisa tus planes. Puede ser que el tiempo que has puesto para alcanzar tus metas no es realizable y necesitas hacer ajuste a tu plan.

Anaranjado/El Dedo De En Medio Esto afirma que tus aspectos creativos necesitan expresión. Necesitas expresar el tu-soñador. Sientes, que tu creatividad esta adormecida. **Acción sugerida:** Toma una clase de arte, danza, drama, alfarería, como hacer canastas, o, cualquier otra forma de expresión de tu ego alterado o, tú ser de fantasías.

Anaranjado/El Dedo Del Anillo Esto indica que el nivel de actividad de tu resolución es la causa de tu estrés. Por ejemplo, si estas planeando casarte o cambiar de trabajo, este dedo estará anaranjado debido a que tienes mucho que hacer en tan poco tiempo. Es tiempo de hacer reflexión y ver si estas poniendo demasiado en ti. ¿Necesitas pedir ayuda con las tareas que tienes? Si el color es sucio, ligero y disparejo, entonces el problema está que sientes que hay muchos obstáculos para hacer el trabajo que tienes que hacer. **Acción sugerida**: organízate haciendo un plan de acción que pueda alivianar algo de tu estrés. Si este estrés es algo común en ti, entonces el tomar una clase de cómo manejar el tiempo te ayudara.

Anaranjado/El Dedo Menique Desde que el color anaranjado es un color físico y de sobrevivencia, anaranjado en el dedo menique significa que no tienes suficiente actividad física y está afectando tu apariencia y tu presentación física. **Acción sugerida**: haz actividad física, camina, estira tu cuerpo para alivianar el estrés inmediato. Establece una rutina de ejercicio regular que de preferencia te saque afuera; por ejemplo, caminar nadar, o, correr. La razón del ejercicio al aire libre es que el dedo menique es el último y te estás diciendo a ti mismo(a) que necesitas más actividad y más expresión exterior.

Amarillo/El Dedo Pulgar Esto significa que debes ejercitar con más inteligencia cuando se trata del nivel de sobrevivencia, por ejemplo, si eres una persona que compra basada en tus emociones, este dedo te está diciendo que tu estrés viene de no gastar tu dinero sabiamente.

Amarillo/El Dedo Índice Parecido al dedo pulgar, amarillo en el dedo índice está hablando acerca de poner más sabiduría al gastar dinero. Pero el dedo está hablando en el futuro, así que el dinero del cual hablamos está en el futuro como en inversiones. Si le sigue color sucio o amarillo disparejo. Este dedo nos habla de la razón del estrés es no tener sabiduría o conocimiento para hacer inversiones. Amarillo brillante o fuerte, significa que estás pensando en cómo alcanzar tus planes futuros y estas formulando un plan de acción. El estrés sentido en esta situación tiene que ver en que sientes que necesitas más tiempo en aplicar este nuevo conocimiento y balancear este plan para el futuro con tu sobrevivencia de cada día. **Acción sugerida**: Desarrolla tu plan de acción con un aproche real. En seguida apégate a tu plan. Cuando el amarillo en el dedo índice es fuerte, esto puede ser un desafío de no apresurarte y querer hacerte rico rápidamente

Amarillo/El Dedo De En Medio El amarillo en el dedo de en medio, habla acerca de tus fantasías o tú Yo-soñador. No muy a menudo veo el amarillo en el dedo de en medio, esto afirma que si solo tuvieras más conocimiento o tuvieras más educación en esta área en particular entonces podrías hacer de este sueño una realidad. **Acción sugerida:** Haz investigación en esta área. Es posible que este sueño es algo que quieres convertir en una meta y trabajar para alcanzarla.

Amarillo/El Dedo De Anillo El amarillo es el color de la inteligencia y del conocimiento. El amarillo en el dedo del anillo nos dice que tu estrés viene de que tienes mucho conocimiento acerca del área de tu resolución o, que no tienes suficiente conocimiento. Por ejemplo, si has sabido algo acerca del grupo referente a tu resolución, el estrés viene de sentirte que tienes que reaccionar a esta nueva información. Si el amarillo es sucio, quiere decir que tienes dudas acerca de la veracidad de esta información y, ya sea que la elimines o la verifiques. Si el amarillo es débil, sientes que no tienes suficiente información y necesitas verificarla o anularla. Si el amarillo es débil, sientes que no tienes suficiente información para hacer una decisión inteligente sobre tu resolución. **Acción sugerida**: Haz un esfuerzo consciente para mirar esta información desde todos los puntos de vista antes de reaccionar sobre esta situación.

Amarillo/El Dedo Menique Esto significa que necesitas estar más informado acerca de tu apariencia personal. Por ejemplo, te sientes frustrado de no saber cómo hablar en público o no tienes suficiente información acerca de la moda para vestir bien. Tal vez te sientes estresado de asistir a una cena de lujo y no saber cómo comportarte. **Acción sugerida:** Identifica la área de tu presentación que sientes necesidad de mejorar y lee acerca de esta área o toma clases para sentirte con más confianza.

Verde/El Dedo Pulgar El matiz verde en el dedo pulgar es muy importante, porque nos habla acerca de tu salud. Si el verde es rico y obscuro, entonces tu sientes que estás trabajando en cuidar de tu salud; has hecho de tu salud un punto importante de tu vida. Si tu matiz es amarillenta o tiene color café verde, entonces tu estrés viene de que estas preocupado por tu salud o la salud de alguien en tu familia.

Verde/El Dedo Índice Esto significa que hay preocupación acerca de tu salud en el futuro. Él matiz habla mas específicamente acerca del tipo de preocupación. Por ejemplo, si el matiz es amarillento o sucio, tu estas preocupado que tu salud empeore en el futuro cercano. Si el color es verde fuerte obscuro, te preocupa que en el futuro vayas a tener algún tipo de enfermedad y estás trabajando para prevenirla. **Acción sugerida**: investiga acerca de tu salud para que no tengas preocupación sobre ella. Una vez que comprendas los riesgos verdaderos, puedes desarrollar un plan más estructurado para prevenir o sanar y así alivianas parte del estrés en esta área.

Verde/El Dedo De En Medio Esto significa estrés sobre la salud y como la salud te está deteniendo de alcanzar tus sueños. Te sientes frustrado(a) de que tu salud es un obstáculo para alcanzar en tu vida y por lo tanto sientes que tienes que bajar tus metas y hacer compromisos. **Acción sugerida**: Investiga y ve si estás haciendo asunciones acerca de tu salud que son incorrectas. Busca maneras de estar más en control de tu salud para que te sientas que puedes trabajar en mejorarla y posiblemente restablecer algunas de tus metas más grandes.

Verde/El Dedo Del Anillo Este es un indicio muy importante de cómo reaccionas a tus compromisos o resoluciones. Tu yo-interior te está diciendo que tu salud ya sea buena o mala depende de tu resolución o compromiso. Muy a menudo, esto significa que tu nivel de estrés acerca de tu trabajo o de tu familia, ha llegado al punto que está teniendo efectos adversos en tu salud. **Acción sugerida**: Trabaja en ventilar o dejarlo ir. Lee la acción sugerida, descrita en TODO UN COLO/ROJO. En adición ve a los otros dedos de la mano. Donde hay rojo, Esta es una clave a los específicos acerca de cómo esta resolución o compromiso te está frustrando.

Verde/El Dedo Menique Esto significa que tu condición de salud está afectando tu apariencia. Si el color es Amarillento o sucio, sientes que la enfermedad que tienes está afectando como te vez y es muy visible a los que te rodean. Esto puede ser verdad o puede ser únicamente tu percepción. De cualquier manera debes de hacer investigación sobre que opciones tienes para corregir esta situación. Si el color es verde fuerte oscuro, el estrés viene de saber qué es lo que necesitas hacer para tener una mejor apariencia pero no estás haciendo nada o sentirte frustrado por no poder hacer progreso. Punto principal, te sientes muy consiente sobre tu apariencia y esto te está causando estrés. **Acción sugerida:** Haz una revisión realista acerca de tus suposiciones si es que son reales o solamente tu percepción. Desarrolla un plan de acción de cómo alcanzar el estado de salud que quieres.

Azul/El Dedo Pulgar Esto significa que tienes estrés por la clase de gente que te rodea, ya sea que sientes que ellos te están deteniendo en tu avance o que no son la clase de gente que no te pueden ayudar a alcanzar tus metas. Si el color es obscuro y atrevido, esto significa que sientes que la gente es un elemento importante para tu triunfo, y tu estrés viene de saber todo el trabajo que se necesita para mantener las relaciones fuertes. Si el color es ligero o sucio, este preocupado de que la gente en tu vida no es saludable e interfieren en tu futuro. Tal vez sientes que estas relaciones se han fortalecido y no sabes cómo terminarlas sin tener consecuencias negativas o repercusiones.

Azul/El Dedo De En Medio El estrés viene de que realizas que usas tu círculo social para vivir tu fantasía. Tu preocupación es que tus relaciones no son reales-son superficiales.

Azul/El Dedo Del Anillo El estrés expresado aquí se debe a tu resolución. Estas balanceando tus relaciones que sientes necesitan mucho trabajo. Por ejemplo, si estas recién casado y sientes que tus relaciones con tus suegros necesita más trabajo del que anticipaste. O sientes que en el trabajo para afirmar tu posición necesitas participar en relaciones que normalmente no tendrías.

Azul/El Dedo Menique Esto significa que tienes algo de estrés acerca de cómo tus relaciones te ven. Si el color es fuerte y atrevido, la mayor parte de tu confianza depende de tu familia y amigos, esto pone presión en ti.

Purpura/El Dedo Pulgar Esto significa el aspecto espiritual de tu familia, o estas preocupado por tu vida cotidiana. Ya sea que sientes que no hay suficiente énfasis espiritual o hay demasiado para sentirte confortable. Algunas veces el color purpura en el dedo pulgar resulta cuando hay conflicto en la vida cotidiana. Por ejemplo, cuando un miembro de la familia tiene diferente creencia del resto de la familia.

Purpura/El Dedo Índice Esto dice que estas preocupado(a) en estar enfocado espiritualmente en tus planes del futuro. Por ejemplo, si comienzas a ver tus metas principales muy cerca y sientes tentación de comprometer tus creencias espirituales, esto te causa estrés espiritual. Si el color es profundo, claro y purpura fuerte, entonces nos dice que se necesita hacer trabajo espiritual y el estrés viene de sentir que necesitas hacer decisiones acerca de este llamamiento.

Purpura/El Dedo De En Medio Este dedo es tu yo visionario. Aplicando color purpura en este dedo, nos dice que tu estrés viene de que tu intelecto y tu intuición no están en balance. Ya sea que estas teniendo impresiones intuitivas y no estás seguro(a) de lo que significan o, tienes dificultad en aceptar que tienes habilidades intuitivas.

Purpura/El Dedo Del Anillo Este dedo nos habla de conflicto entre tus creencias y lo que se te ha pedido que hagas por tu situación en tu decisión. Esto puede suceder cuando hay matrimonio de diferentes creencias, y esta diferencia está causando estrés .O, puede suceder cuando se te ha pedido que hagas algo ya sea en el trabajo o en la escuela que es contrario a tus creencias espirituales. En general sientes que una situación importante te está poniendo en conflicto con tus creencias espirituales.

Purpura/El Dedo Menique Este color significa que sientes que tus creencias espirituales son muy visibles para los demás, o estas tratando de hacerlas más visibles. Esto pasa algunas veces, cuando has encontrado una nueva fe y este muy emocionado y quieres evangelizar a otros. O al revés, alguien en tu círculo social está tratando de imponer sus creencias en ti, y esto te está causando estrés.

Rosa/El Dedo Pulgar El estrés expresado aquí es en la parte romántica de tu vida. Ya sea que tienes interés romántico o, sientes que no hay romance en tu vida. Color rosa sucio indica problemas en una relación romántica.

Rosa/El Dedo Índice Esto indica que tus planes futuros están en conflicto con tu vida romántica. Sientes que el romance no es lo que ves en tu futuro. O, puedes sentir que para alcanzar tus metas futuras, te es necesario sacrificar el romance. **Acción sugerida**: Analiza tus planes futuros y pon tus prioridades en lo que es más importante para ti ¿tu romance o tus metas? ¿Tienen que estar en conflicto? ¿O, estás haciendo suposiciones sin tomar en cuenta la opinión u opiniones de los que están envueltos?

Rosa/El Dedo De En Medio Hay fantasía en medio del romance. Este sueño romántico está causando estrés en otras áreas de tu vida. Por tener dificultad en separar el sueño de la realidad. Algunas veces esto sucede cuando se ha terminado una relación y hay dificultad en seguir adelante porque tienes la esperanza que esa persona va a regresar.

Rosa/El Dedo Del Anillo Esto significa que el compromiso y el romance, están en conflicto. Si el rosa es claro y atrevido, el conflicto es que el romance es tan fuerte que no permite el enfoca miento en otras áreas de la relación. Si la resolución es una carrera, y estas muy enamorado de lo que estás haciendo, que descuidas otras áreas de la carrera que más tarde te pueden causar problemas. Si el color está sucio y con rayones desiguales, esto nos habla de que hay conflicto entre una situación comprometida y una situación separada de la cual estás enamorado.

Rosa/El Dedo Menique El estrés que sientes, se debe el estar enamorado de aspectos superficiales ya sea de la gente o de situaciones. Tu Yo-interior, te está diciendo que necesitas ser más profundo antes de enamorarte.

Café/El Dedo Pulgar Esto significa que tu estrés viene a causa de disciplina, ya sea mucha o no lo suficiente en tu vida cotidiana. Si el color es disparejo o turbulento, habla de que tu disciplina, no es lo que debe ser y esto te está causando estrés. Si el color es fuerte y obscuro te sientes muy disciplinado y esto te causa estrés así como a los demás.

Café/El Dedo Índice El estrés expresado aquí, es que te sientes no tener la disciplina necesaria para alcanzar tus metas, por lo tanto tienes frustración contigo mismo sobre la falta de disciplina. Haz un análisis para ver si te estas empujando muy fuerte. ¿Son tus metas y el tiempo fijado realísticas? Esta expresión de estrés te está diciendo que tal vez te sientes fuera de sincronismo contigo mismo en relación a tus planes futuros.

Café/El Dedo De En Medio Esto quiere decir que te sientes frustrado con tus propios sueños o fantasías. Puede ser que sientas que estás pasando mucho tiempo soñando y no suficiente tiempo haciendo algo. O, tal vez sientas que te falta sonar más y necesitas encontrar un escape de vez en cuando.

Café/El Dedo Del Anillo La disciplina que requiere tu resolución te está causando estrés. Tal vez sientas que la disciplina que se requiere de ti, no es justa y no hay reciprocidad por las otras personas envueltas. Tu estrés te está diciendo que es tiempo para renegociar las reglas de la resolución.

LOS COLORES Y SÍMBOLOS DE LA PUNTA DE LOS DEDOS.

Algunas veces los símbolos son coloreados igual que los dedos donde se encuentran, Lo que quiere decir que lo importante es el significado del dedo y no tanto el símbolo. Pero cuando se ha coloreado el símbolo diferente del dedo en que esta, entonces tu Yo-interior está dando un resumen al que necesitas ver más cuidadosamente. La interpretación del color de estos símbolos siendo más básica que la de los dedos. Se sugiere que veas la combinación de color o colores y los símbolos para obtener una interpretación más completa.

Rojo
Cuando el color aparece en uno de los símbolos, estas sintiendo frustración con respecto al aspecto representado en el símbolo. Por ejemplo, un árbol rojo habla de la frustración con el nivel de estabilidad en tu vida. Otra interpretación del rojo es que estas muy apasionado acerca de esta área que te sientes frustrado que ya no puedes hacer más. Por ejemplo, una flama roja puede significar que estas muy apasionado en lo que quieres dedicar tu vida pero sientes que no puedes hacer nada. Esto se puede ver cuando alguien tiene una causa que quiere apoyar pero siente que su nivel de sobrevivencia no se lo permite por no tener suficiente dinero o tiempo para dedicarse a esta causa.

Anaranjado
Este color habla acerca del nivel de actividad del área representada por el símbolo pero que no es de tu gusto y por lo tanto está causando estrés. Por ejemplo una flama anaranjada dice que sientes que no estás haciendo suficiente por tu causa. Algunas veces esto sucede cuando tus propias expectativas no son razonables, por lo tanto no importa cuánto hagas sientes la necesidad de hacer más y esto te causa estrés. La diferencia entre rojo y anaranjado, es que el rojo te habla de tu dedicación y el anaranjado de tu nivel de acción.

Amarillo
Este color te dice que quieres y necesitas más información para poder sentirte más en paz con este aspecto de ti. Estas tratando de conocerte mejor. Has reconocido que existe un asunto que necesitas resolver pero que necesitas más información para dar el siguiente paso. Estas buscando algo relacionado con el área representada por el símbolo.

Verde
Esto significa que el aspecto de salud representada por el símbolo en esta área esta fuera de balance. Por ejemplo: un árbol verde significa que estas sanando la unidad familiar o trabajando para resaltar estabilidad en tu vida. Si tu

piedra preciosa es verde, esto significa que eres sanador natural. Si el verde esta revuelto con amarillo, necesitas o quieres información o entrenamiento de cómo sanar.

AZUL
Esto significa que las personas con las cuales estas en conflicto y necesitas trabajar para resolverlo, cuando aparece representado en esta área por el símbolo. Por ejemplo: Una piedra preciosa color azul, te está diciendo que tu habilidad para trabajar con la gente es una área que te está causando estrés, puede ser que debido a que la gente sigue viniendo a pedirte ayuda y tienes dificultad de decir "no" o te sientes frustrado de no poder ayudarlos.

Purpura
Esto nos habla de naturaleza espiritual. Por ejemplo: Las personas llamadas a ser líderes espirituales tienden a tener una piedra preciosa de color purpura. Si tienes un árbol purpura, estás trabajando en el aspecto espiritual de tu familia o estas tratando de establecer estabilidad en tu vida por medio de religión.

Plata
Este color a menudo habla del dinero siendo una área de preocupación. Por ejemplo, si tu ojo es plata, tal vez estés en desigualdad ya sea pagando por ayuda intuitiva o tu mismo siendo intuitivo y estas en desigualdad cobrando por tus servicios. Otro ejemplo es una estrella de plata que nos habla de aspiración de ser rico.

Negro
Este color es a menudo colocado en el símbolo cuando el área representada por el símbolo es algo que no quieres hacer por el momento. En otras ocasiones, esta es una área en la que estas en negación y esta negación te causa estrés. Por ejemplo: Un ojo negro nos diría que estas en negación acerca de tus habilidades intuitivas. Otro ejemplo es un árbol negro que significa que algo está fuera de balance en tu familia o, en tu nivel de estabilidad que no quieres confrontar por el momento.

Café
Este color habla del nivel de disciplina en el área representada por el símbolo. Tu Yo-interior te está diciendo que tu nivel de disciplina te está causando estrés.

Árbol
Buscamos el deseo de pertenecer, estabilidad y familia, representados por el Árbol.

Flama
Todos necesitamos algo para sentirnos apasionados, algo que haga nuestra vida Digna de vivir algo que nos haga dedicarnos por el simple hecho de creer, esto esta simbolizado por la flama.

Ojo
El ojo es un importante símbolo en muchas culturas, aun cuando no significa lo mismo en dichas culturas. En este dibujo, el ojo simboliza tu intuición y conexión con otras dimensiones.

Estrella	La estrella es también un símbolo importante en muchas culturas. En este dibujo, la estrella simboliza tus aspiraciones, sueños y quien te gustaría ser si pudieras.
Gema	La gema simboliza los aspectos de ti mismo que son puros e idealistas. No Importa cuánto de nosotros mismos nos comprometamos en la vida de negocios, todos tenemos una línea que no cruzamos porque es nuestra conexión con nuestro yo que es puro y sin mancha; esto esta simbolizado por la gema.
Flor De Lotus	La flor de Lotus en el centro de nuestra palma, simboliza el centro de nuestra existencia. Esto habla de las áreas en que estas trabajando que se extienden más allá de esta vida presente. Esto también habla de los aspectos de otras vidas que pueden estar actuando en la presente, en cierto sentido nos habla del karma en el que estás trabajando.
Flama Con Flor De Lotus	Esto te dice cuál es tu conexión con tu yo más elevado. ¿Qué aspecto de ti mismo es la puerta a tu más elevada percepción? Esto puede ser el rasgo de tu personalidad que has tenido en todas tus vidas.
Antecedentes	Si tu escoges llenar el fondo del dibujo, tu Yo-interior te está hablando acerca de factores externos. Esto es parte de la vida que está actuando sobre ti, pero que esta fuera de tu control. Esto puede ser política, eventos del mundo, la arena socio-económica, y otras áreas de la vida que te preocupan. Si dejaste el fondo del dibujo en blanco, entonces tu enfoque en este momento es en ti y en lo que puedes hacer por ti mismo.

Marra Y Pared De Ladrillo

REMOVIENDO OBSTÁCULOS / RESOLVIENDO PROBLEMAS

Si has escogido la marra y la pared de ladrillo, tu dialogo interno está enfocado sobre remover obstáculos en una situación, o, resolviendo un problema. Este ejercicio esta designado para identificar la causa de los obstáculos. Además nos habla de cual aspecto de tu yo, tiene la habilidad para remover o resolver la situación.

La primer área para analizar esta donde comenzaste a poner color. ¿Pintaste primero la marra? ¿O, primero pintaste la pared? Este es un punto muy importante para entender tu situación, porque te habla de cómo enfrentarla. Te da indicios de hacia dónde te enfocas. Y te da indicios de cómo entender o resolver tu vida en general. Por lo tanto se honesto contigo mismo. ¿En donde comenzaste tu dibujo?

MARRA COMO PUNTO DE COMIENZO

Si comenzaste tu dibujo con la marra, esto significa que estas enfocado en encontrar la forma de enfrentar los problemas y obstáculos. Quieres encontrar respuesta y comenzar a trabajar.

¿Comenzaste con la cabeza de la marra? Si la respuesta es afirmativa, estas enfocado en encontrar una forma rápida de acción en lugar de un proceso controlado. Se entiende que algunas situaciones llegan a un punto tan difícil que comenzamos a buscar el "apagador", pero generalmente no existe el apagador o arreglo rápido. Típicamente la mejor manera para hacer un buen trabajo, es un proceso consistente. La acción que necesitas tomar para resolver la situación es muy importante. Estando seguro que te enfocas en el proceso controlado, estas mitigando el riesgo de comenzar otra situación / ciclo reactivo. Enfocándote más en el proceso te da también una herramienta que puede ser usada una y otra vez para resolver otras situaciones. En resumen enfocándote en la acción te da solución una vez, enfocándote en el proceso aumenta tu habilidad de solucionar problemas en general.

¿Comenzaste con el mango del martillo? Si es afirmativo, estas más enfocado en el proceso en lugar de la acción. La gente que comienza con el mango tiende a tener un perspectivo grande en su aproche a la situación. Quieres corregir la situación corriente pero también quieres aprender cómo resolver problemas en general y aprender cómo prevenir que esta situación se repita. No sientes la urgencia de hacerlo ahora sino sentirte que lo haces bien.

PARED DE LADRILLO COMO PUNTO DE COMIENZO

¿Comenzaste con la pared de ladrillo? Si la respuesta es sí, estas tan enfocado en el problema que tal vez no ves la respuesta. Necesitas retroceder y ver la situación en general. Esto te dará la oportunidad de ver que medios tienes a la mano.

¿Comenzaste viendo una rajadura en la pared? Si la contestación es afirmativa, ya estás viendo áreas en la situación que pueden ser resueltas con poco esfuerzo. Estas viendo debilidades en el problema y estás buscando validez de cuál es el lugar indicado para resolver. Si pusiste color arriba y abajo en toda la rajadura primero, entonces eres precavido y tratas de investigar qué repercusiones o consecuencias pueden resultar al remover el obstáculo de la situación. Puedes sentir que hay una dependencia interior que no es obvio a los demás. Pero lo ves como un riesgo que necesita ser explorado profundamente antes de tomar acción.

FONDO COMO PUNTO DE COMIENZO

¿Comenzaste aplicando color en el fondo del dibujo? Si es afirmativo, sientes que el obstáculo o problema es únicamente un síntoma de un problema mayor. Sientes que este es un asunto que puede estar fuera de tu control. Pregúntate si eres sincero acerca de esta situación. Algunas veces culpando el obstáculo o problema sobre factores externos es una forma de justificar el no enfrentar el problema a la mano. Necesitas preguntarte, esta esto fuera de control o simplemente no quiero confrontarlo.

ACCIONES SUGERIDAS EN GENERAL

Después de haber interpretado el resto de tu dibujo, haz el ejercicio nuevamente. Esta vez comienza poniendo color en el mango del Marro, después en la cabeza del marro, luego en la rajadura en la pared y finalmente en los ladrillos comenzando de la rajadura hacia afuera. Este ejercicio resalta el proceso de atacar la situación desde una posición de fuerza y de control-el mango. Cuando llegues a la pared, te estas enfocando en las rajaduras que son símbolo de las partes de la situación que están listas para ser resueltas. Al comenzar en el punto más débil, fortaleces tu posición y permites que la situación comience a resolverse por si sola.

Haz un esfuerzo concienzudo para seleccionar los colores en lo que quieres resaltar y corregir en tu situación, usando los colores en la guía de interpretación.

SOLAMENTE UN COLOR EN TODO EL DIBUJO

Esto a menudo indica que el obstáculo o problema es en realidad un aspecto que está completamente fuera de balance y que está teniendo un impacto negativo en todo. Mantén en mente que muy pocas cosas en la vida son tan simples que únicamente tienen un aspecto en ellas. Puede ser que lo que estás viendo es el área principal que está siendo afectada por el problema. Entonces una vez que comienzas a trabajar en tus emociones en el área afectada, podrás obtener más información acerca de toda la situación. Para comprender lo que el área afectada lee la interpretación del color dada adelante.

Si tu color no está descrito abajo, puedes encontrarlo donde el color es discutido y aplicar la interpretación aquí, usando el mismo método que es usado adelante. Si el color no está descrito en ninguna parte, entonces piensa que combinación de colores se necesitan para obtener el color que tienes y usa la interpretación de esos colores. Ten en mente trabajar también con el sombreado y los rayones en tu interpretación.

El color que escojas te dice que aspecto esta fuera de balance:

Rojo
Hay mucho enojo, frustración y emociones alrededor de este obstáculo o situación que no puedes ver directamente. Esta emoción te está bloqueando para encontrar la resolución. **Acción sugerida**: Da a tu cuerpo la manera de expresar esta energía acumulada. Sal a caminar, haz ejercicio, canta opera o coge una hoja de papel en blanco y colorea con fuertes y atrevidos pintadas de color rojo. Ahora que esta energía ha sido ventilada, siéntate en una posición relajada y cierra tus ojos. Aspira profundamente y mantén la respiración por unos cuantos segundos, exhala lentamente. Repite lo mismo dos veces más, luego respira normalmente, permanece en tu posición relajada con tus ojos cerrados. Con el ojo de tu mente vete a ti mismo sentado y rodeado por una niebla blanca y fresca. Siente esta niebla que te refresca y te calma. Siente que sana tu dolor. Con cada respiración hecha fuera lo que queda de esta energía roja. Después de unas respiraciones vas a notar que el rojo que está exhalando es cada vez más tenue hasta casi ser de color rosa. Agradece a tu yo-interior por comunicarse y trabajar contigo en traer un estado balanceado. Cuenta hasta tres y abre tus ojos. Aspira profundamente. Has terminado con este ejercicio. Si te encuentras usando más colores, te das cuenta que has vencido el remolino interior y estás listo(a) para recibir más información acerca de tu situación. Si todavía estas usando un solo color, trabaja a través del color y sigue repitiendo el ejercicio hasta que comiences a ver más colores. Desde que la mayoría de los problemas/obstáculos y situaciones tienen muchos aspectos, tu probablemente veas colores en la pared.

Anaranjado
Esto te dice que la situación, está amenazando el nivel de sobrevivencia – el trabajo, finanzas, comida y refugio. El hecho de que todo el dibujo es

anaranjado nos dice que tu temor de esta amenaza no te permite ver más allá del problema mismo. La acción sugerida es similar a la de color rojo. Sigue la meditación y haz el ejercicio nuevamente. **Acción sugerida**: Da a tu cuerpo una manera de expresar este temor y ansiedad acumulados. Sal a caminar, haz algo de ejercicio, canta opera, o coge una hoja de papel en blanco y llénala con rayones fuertes y atrevidos del color que desees. Luego que esta energía ha sido ventilada. Siéntate en posición relajada con los ojos cerrados. Toma una respiración profunda y retenla por unos segundos y exhala lentamente. Repite lo mismo dos veces más, después respira normalmente, continua sentado con los ojos cerrados. Con el ojo de la mente, vete a ti mismo rodeado de una niebla blanca y fresca, siente que te refresca y te calma. Siente que sana tu temor. Con cada aspiración, respira en esta refrescante neblina que te sana. Con cada exhalación, desecha la energía anaranjada. Después de algunas respiraciones vas a notar que el anaranjado que estas exhalando es más de color amarillo. Agradece a tu Yo-interior por comunicarse y trabajar contigo, regresando tu estado balanceado. Cuenta hasta tres y abre los ojos. Respira profundamente. Has terminado este ejercicio. Si te das cuenta que estas usando más colores, entonces sabes que has vencido este tumulto emocional y estás listo para obtener más información acerca de tu situación. Si continuas usando un solo color, trabaja nuevamente repitiendo el ejercicio hasta que puedas ver más colores. Desde que la mayoría de los problemas/obstáculos y situaciones tienen muchos aspectos, eventualmente vas a ver colores en la pared.

Amarillo

Esto dice que estas paralizado en tu análisis. Tienes mucha información que estas tratando de usar para resolver este asunto. Necesitas simplificar tus variantes. Ve los asuntos claves y haz a un lado los detalles menores por un momento. **Acción sugerida**: agrupa tu información en diferentes categorías para poner sentido de todo el problema. Pon prioridad tanto a la información y a tus expectaciones de cómo vas a resolver la situación. Organízate y pon estructura a tu información. Paso siguiente, repite el ejercicio de colorear, pero en esta ocasión colorea el mango del marro de color amarillo y la cabeza del marro de color anaranjado. Esta es una afirmación que necesitas hacer y actuar inteligentemente.

Verde

A menudo cuando el verde cubre toda la página, la persona se está enfrentando con asuntos de salud. **Acción sugerida**: concentra tu interpretación en los colores del marro. Si el marro es también de color verde, ve si el verde es diferente, checa si es diferente sombreado, luego ve a la interpretación de diferentes sombreados y aplicación de color para obtener más información de lo que tu Yo-interior te está diciendo acerca de tu condición de salud. Tal vez te estás diciendo a ti mismo que un método diferente es necesario. Tal vez es tiempo de obtener una opinión secundaria sobre esta situación. Si el marro esta sin pintar, o tiene el mismo verde que la pared, entonces repite el ejercicio enfocándote únicamente en el marro.

Azul El aspecto de la gente en esta situación, está complicando el problema. La gente con la que estas tratando, es la situación real que necesita atención, y lo que pensaste que era el problema, es únicamente una extensión o resultado del problema. Con la gente envuelta vas a hacer progreso para resolver esta situación. **Acción sugerida**: Analiza la situación. Pregúntate a ti mismo "como estas personas se benefician de esta situación. " Esto te va ayudar de donde viene todo esto. Luego pregúntate "Como puedo demostrarles el beneficio de resolver esta situación el método proverbial "tu ganas/yo gano/los dos ganamos" es lo que se necesita aquí.

Café Estas tan disciplinado que no te permites "Pensar fuera de tu encerramiento". Esta situación no es como las otras a las que te has enfrentado. Sin embargo quieres resolverlo de la misma manera a la que estás acostumbrado(a). Necesitas activar tu lado creativo para poder encontrar la solución. **Acción sugerida:** Repite el ejercicio, pero esta vez a propósito aplica color purpura al marro – cualquier tono de morado que gustes. Purpura simboliza tu yo espiritual creativo. Estas abriendo tu intuición. Estas dando lugar a otras opiniones. Conforme aplicas color al resto del dibujo, recibirás claves que te ayudaran a encontrar una solución.

ACCIÓN SUGERIDA EN GENERAL

Date permiso para ver la situación desde todos los ángulos. Repite el ejercicio. Esta vez haz un esfuerzo de usar más colores. Al principio te vas a sentir que únicamente te sientes atraído a usar los mismos colores que usaste antes. Honra este sentido, usando el color en un área pequeña, luego haz a un lado este sentido ya que no es una opción el seleccionar este color. Continúa con el ejercicio usando otros colores. Comienza con el mango del marro, sigue después con la cabeza, después continua con la rajadura en la pared, continua con los ladrillos comenzando desde la rajadura hacia afuera.

SECCIONES Y COLORES

Si tu dibujo tiene los ladrillos pintados de diferente color, quiere decir que reconoces que esta situación en la que estás trabajando, tienen muchos aspectos. Cada color usado es una clave a cada uno de estos aspectos. En seguida hay una guía de interpretación para cada color por sección en tu dibujo. Si el color especifico que usaste no está mencionado en la sección, puedes aplicar el mismo tipo de lógica y usa la interpretación del color mencionado en otros lugares en el libro. Si el color no es mencionado, usa la combinación de colores que hagan el color que usaste.

El Mango De La Marra El mango tiene unas franjas que suben hasta el cuello y cabeza del marro, si pintaste todas las francas del mismo color, entonces enfócate en la interpretación de ese color de acuerdo al método o aspecto en que estas trabajando como un proceso para resolver la situación. Si aplicaste color diferente a cada banda, entonces comienza desde abajo hacia arriba. Lo que te estás diciendo a ti mismo es que hay una serie de pasos en el proceso de resolución que necesita ser tomado en una secuencia cronológica especifica.

Rojo	El mango rojo dice que tu proceso necesita mantener tus emociones en orden. El proceso va a sacar emociones que necesitas controlar.
Anaranjado	Un mango anaranjado nos dice que en el proceso se necesita incluir un plan de acción que proteja o cubra el nivel de sobrevivencia. En otras palabras necesitas tener planes contingentes.
Amarillo	El amarillo en el mango te dice que necesitas pensar completamente y con cuidado el proceso porque es tu herramienta más fuerte. Usando tu inteligencia, usando tu conocimiento e información, te darán conclusiones de triunfo.
Verde	El mango verde te dice que necesitas estar en buena salud al proceder en esta batalla. Tal vez te hable de una batalla larga y vas a necesitar tu fortaleza y energía.
Azul	Este color en el mango significa que en tu plan de acción, necesitas incluir a otras personas. Pueden ser aliados o personas con las que trabajas, o profesionales contratados, no es necesario que sean personas que amas – ellas serán mencionadas en el color rosa.
Purpura	Esto significa que en tu proceso para resolver la situación, necesitas incluir el elemento espiritual. Necesitas estar seguro que este apegado a tus éticas y creencias. Para poder resolver la situación, necesitas estar firme en tus creencias.
Rosa	Este color nos habla de usar amor como parte del proceso de resolución. En otras palabras, la situación no debe de ser fea o desagradable. Esta seguro que estas actuando con amor y encontrando una solución que no dañe a los otros.
Plata	Cuando este color está en el mango, significa que el proceso de resolver la situación, tal vez sea necesario el dinero. Esto algunas veces es el contratar a un profesional.
Café	Este color en el mango te dice que necesitas estar estructurado y disciplinado en tu método para resolver esta situación. Si tu método nos es estructurado, tu plan va a fallar. Por lo tanto toma tiempo planeando y apégate al plan.

Negro Es muy importante poner atención a este color cuando está en el mango. Lo que quiere decir que necesitas ser discreto con tus planes. No presumas o hables acerca de tus planes de cómo resolver esta situación. Dar a conocer tu plan antes del tiempo, ira en contra tuya.

La Cabeza Del Marro La cabeza del marro, tiene tres secciones, el cuello y dos lados. El cuello simboliza el elemento que necesita estar presente para asegurar que las acciones que tomas estén propiamente posicionadas para triunfar. Cada uno de los lados de la cabeza del marro pueden ser acciones separadas. Si pusiste el mismo color en los dos lados, entonces únicamente una acción principal es requerida.

Rojo Es necesario tener pasión en la acción que haces. Si no te sientes fuerte en lo que vas a hacer, entonces no vas a triunfar. Tu fortaleza viene de tus emociones de cómo resolver esta situación.

Anaranjado Tu acción será en el área de sobrevivencia. Algunas veces, esto significa que para resolver el problema necesites cambiarte, encontrar un nuevo trabajo, o transferirte a otro departamento en el trabajo. La acción que estás pensando tomar, puede afectar tu nivel de sobrevivencia.

Amarillo Tu acción necesitara ser bien pensada. Tu fortaleza es tu inteligencia y la información que tienes. Esta es la situación donde "saber es poder".

Verde La acción que vas a tomar requiere que tengas buena salud, o que ayudes a alguien más a obtener buena salud.

Azul La acción que están contemplando involucra relaciones que te ayuden. Estas son obviamente relaciones en el trabajo. Aquellos a los que amas estarán bajo color rosa. Si tienes azul y rosa juntos, esto nos habla de usar a la familia o relaciones románticas para resolver el problema.

Purpura Tu acción va ser una acción espiritual. Tu fortaleza viene de saber que lo que estás haciendo será una "acción buena". La estás haciendo por un bien mayor y no únicamente para ti.

Rosa Tu recurso de fortaleza en acción es el amor. Vas a actuar por amor o vas a tomar acción con alguien a quien amas como compañero en el proceso.

Plata La acción que estás buscando envuelve dinero. Tu acción puede ser pagar para que la situación sea resuelta; Por ejemplo, pagando por llegar a un acuerdo.

Café Tu acción viene por tradición o disciplina. Esta es una acción calculada y no una acción emocional.

Negro Tu acción necesitara ser en secreto. Tú serás el que tome acción para resolver la situación. Pero los demás no deben saber que eres tú.

Rajada En La Pared Si escoges dibujar una rajada en la pared, esto habla de la debilidad que has notado en el obstáculo, problema o situación. Aquí es en donde debes de comenzar. Este será el punto más efectivo y aun puede desatar una cadena de reacción que disuelva toda la situación. Si la rajada tiene varios colores, estas de suerte porque existen muchas áreas débiles, lo que quiere decir que todo el obstáculo está listo para desbaratarse por sí mismo o con poco esfuerzo de tu parte.

Rojo	El miedo puede hacer que esta situación se desmorone. El rojo habla de emociones fuertes, como, miedo, ansiedad, frustración o enojo. En algunas veces habla también de pasión. Si el color es fuerte y claro, estas tratando con una situación en donde el otro partido está muy apasionado en su posición. Estando consiente de esto, tu puedes desactivar la situación presentando una opción que respete sus creencias. Si el color es sucio, te está advirtiendo que el enojo del otro partido será su propia caída. Tu reacción hacia el otro partido necesita ser calmada para que no seas arrastrado hacia las emociones negativas y sus consecuencias.
Anaranjado	Este color habla del nivel de sobrevivencia. La situación que estas enfrentando, envuelve tu trabajo, tus finanzas, o tu hogar. Mira los colores de marro para ver cuál es la mejor manera de resolver la situación y mitigar el riesgo en estas áreas. Cuando hay una rajadura anaranjada, resolver la situación puede implicar un cambio en el nivel de sobrevivencia – tal como un trabajo nuevo o cambio de residencia. Aún más desde que el color ya está en la rajadura, esto puede indicar que el cambio ya está en el proceso.
Amarillo	Cuando este color sale en la rajadura, se desbarata por medio del conocimiento. Esto puede significar el educar a alguien sobre los hechos si es lo que se necesita para resolver la situación. Haz un análisis sobre la información que tienes. Entendiendo que información y como usarla, requiere un análisis, Mira los colores del marro para obtener claves adicionales.
Verde	Cuando la rajadura es verde, la situación se resolverá como resultado de corregir el asunto de salud. Esto puede ser tu salud o la salud del otro partido. Por ejemplo, si el otro partido tiene una enfermedad que está causando problemas en el trabajo o con tus relaciones, entonces al ayudarlos a obtener ayuda para resolver su problema, ayudara a resolver la situación que te está afectando. Recuerdo haber visto esto en el dibujo de una persona que tenía una situación muy difícil en el trabajo. Después de investigar más a fondo, resulto que un compañero de trabajo, tenía un problema de confusión y desorden que le hacía comportarse fuera de lo normal y que afectaba a personas de importancia que por consecuencia afectaba el proyecto. Convenciendo a esta persona a ir a ser examinado por un doctor, su conducta cambio y las relaciones fueron resumidas y el proyecto regreso a la normalidad.

Azul   El azul en la rajadura significa que para comenzar a resolver esta situación se depende de la gente. Tal vez no te des cuenta que tus aliados te pueden ayudar con esta situación. Trabaja en tus relaciones.

Purpura   Cuando este color se ve en la rajadura, tus creencias y éticas te ayudaran a salir adelante con esta situación. Este dibujo te dice que tengas fe.

Rosa   Este color te está diciendo que el amor conquista todo. Actuando desde una posición de amor y practicando el amor podrás resolver esta situación.

Plata   Este color te está diciendo que la situación está lista para ser resuelta y posiblemente termines ganando dinero. A menudo veo esto cuando la situación es una demanda y la persona gane el caso. Ahora si la rajadura y la cabeza del marro son coloreados de plata, entonces necesitas invertir dinero para ganar dinero.

Café   Este color habla de usar tradición y disciplina para resolver la situación.

Negro   Esto te está afirmando que la situación será resuelta, pero posiblemente no te des cuenta de lo que pasa atrás de las escenas para resolver la situación.

Ladrillos Como fue afirmado al principio de este capítulo, cada ladrillo significa un aspecto específico de la situación y debe ser tomado como un indicio para la interpretación en general. Algunos piensan que existe una correlación entre el número de ladrillos en cada color. No encuentro que esto sea una verdad consistente. Es necesario que uses tu propio criterio. Si tienes más ladrillos del mismo color que el resto. Pregúntate si esto quiere decir que este aspecto es más fuerte o más grande que el otro.

Rojo   En general el rojo habla de emociones. Si el rojo es claro, la emoción es más una pasión como el creer en una causa. Si el rojo es obscuro con café en él, casi como el color del ladrillo, entonces la emoción es de enojo, frustración, miedo o ansiedad. Está al tanto de que esa parte de la situación que estas enfrentando tiene mucha emoción y será difícil rodearla. Tal vez debes de considerar tomar una clase de negociación o de resoluciones conflictivas como parte de tu plan de acción.

Anaranjado   Este color habla del nivel de sobrevivencia; tal como el trabajo, finanzas y el hogar. Está al tanto que esa parte de la situación que enfrentas puede poner en peligro el nivel de sobrevivencia. Esto puede significar que necesitas proceder con cautela y rápidamente para que seas tú el que determine las soluciones conforme la situación se desarrolle. Si los ladrillos que están cerca de la rajadura son anaranjados, entonces tal vez quieras incluir planes alternativos para tu hogar y tu trabajo como parte del plan "B".

Amarillo   Este color habla de conocimiento e información. Toma tu tiempo para hacer tu trabajo con diligencia. Hay algo que no sepas y puede hacerte tropezar.

Esto es definitivamente una escena de que debes planear cada paso hacia la resolución cuidadosamente para que no seas cogido entre dos fuegos o termines causando problemas en otras áreas. Si el color es amarillo sucio, ten cuidado de que alguien esté dando información equivocada. Algunas veces esto se ve en situaciones en que alguien está plantando información para desviar la culpa o la responsabilidad. El amarillo sucio significa que debes de verificar cada pieza de información, y tal vez necesites hacer daño controlado para limpiar tu nombre.

Verde

Este color no se ve muy a menudo en ladrillos, pero cuando se ve habla de salud. Recuerdo que en una ocasión, trabaje en un dibujo que tenía ladrillos verdes desparramados sobre una pared de color azul y anaranjado. El azul y el anaranjado significa que el trabajo de la persona está sufriendo a causa de las relaciones con su jefe. La solución al problema resulto que la persona fue transferida a otro departamento. El nuevo departamento al que fue trasferida estaba en otro edificio y tan pronto como comenzó a trabajar en este otro edificio, sus alergias desaparecieron. Así que los ladrillos verdes en la pared significan que había algo más en la situación, no solamente un jefe malo sino también el ambiente que era malo para su salud.

Azul

Este color habla de la situación de la gente envuelta. Parte del problema u obstáculo es la gente envuelta. Por lo tanto, aprendiendo a tratar a estas personas, podrás comenzar a resolver la situación. Busca en el marro por claves para saber cómo manejar a estas personas.

Purpura

Esta situación incluye el aspecto ético. La situación puede estar alrededor de un conflicto y creencias y como lo vas a resolver. Busca en otros colores para obtener más claridad especifica. Si el purpura esta junto al azul, entonces la clave está en que comprendiendo el sistema de creencias y ética de la gente envuelta, podrás encontrar la forma de resolver la situación.

Rosa

Este color aparece cuando la situación envuelve un aspecto romántico. Esto quiere decir que el obstáculo o problema tiene algo que ver con alguien con quien estas envuelto románticamente o tiene que ver con tu vida romántica en general. También puede significar que estás haciendo decisiones sobre otros aspectos de tu vida basados en tus sentimientos románticos por alguien más.

Plata

Este color habla del aspecto financiero de la situación. Si existe color plata tanto en la pared como en el fondo, entonces tu situación está ligada de alguna manera con la economía o con el mercado financiero. Y si hay anaranjado o rojo en la pared también, entonces se precavido porque tu Yo-interior está preocupado que te estas poniendo en un riesgo financiero. Si la rajadura es roja y los ladrillos son color plata, esto significa que el temor en el mercado de valores va a tener un impacto sobre las finanzas en la situación.

Café	Ladrillos de color café dicen que la situación tiene un aspecto de tradición y disciplina. En otras palabras, la situación está basada o concernida en quien eres ante los demás. Mira los colores en la rajadura para ver que la manera en que los demás te ven tiene algún temor y tu podrás desactivar su temor y ayudarlos a salir adelante con esta situación.
Negro	Este color aparece cuando existen dudas en las situaciones que puedan impactar el resultado. Existe algo que se ha mantenido en secreto que pueda resaltar dañino y tú necesitas estar preparado para enfrentarlo. Yo veo eso en situaciones que envuelven adquisición de empresas o unión de empresas que han sido planeadas pero no anunciadas, la situación necesita esperar hasta que esa información se haga pública antes de poder actuar, puede ser que la acción sea revocada por eventos sobresalientes. Si hay negro, tas vez es necesario que esperes al mejor tiempo para actuar, lo mejor es que adquieras más inteligencia y revises la situación.

Fondo Si tienes colores en el fondo, ya sea rodeando la pared o el marro, sientes que hay factores externos actuando sobre esta situación (pared) o sobre tu habilidad para resolver la situación (marra) Si los colores llegan hasta la línea de la pared o de la marra (marro) tu sientes que existe una conexión real y cualquier acción debe ser tomada en consideración. Si el color para antes de las líneas del diagrama, es solo un aspecto de influencia y debe ser mantenido en la mente. Así como en los otros diagramas, el fondo habla de factores externos que están fuera de tu control. En este diagrama en particular, estos factores pueden estar presentes para recordarte que manejes tus expectaciones de que tanto puedes resolver por ti mismo y que tanto necesitas rodear.

Rojo	El factor externo que presientes, son las emociones de otros en relación a esta situación. Tal vez no necesariamente tenga un impacto directo en la situación, pero necesitas estar consiente de que habrá una respuesta emocional de los demás conforme resuelves esta situación.
Anaranjado	El factor externo aquí, es del nivel de sobrevivencia. Esto quiere decir que crees que si tú resuelves esta situación va a tener un impacto en tu nivel de sobrevivencia. El nivel de sobrevivencia tiene que ver con tu trabajo, finanzas y tu hogar. Un ejemplo de cuando he visto esto, es cuando el obstáculo fue resuelto, era un obstáculo de promoción. Cuando el obstáculo fue removido y la promoción alcanzada, se requirió una re locación. Este fue un factor que hubiera tomado a la persona por sorpresa, si no se le hubiera dado aprobación, hubiera tenido un impacto en ese aspecto de su vida.
Amarillo	Este color habla al factor externo, siendo conocimiento adicional. Me gustaría compartir dos ejemplos de cuando he visto esto en dibujos. En un ejemplo, el color amarillo externo estaba tocando directamente la pared verde. La interpretación era que al enfrentar su enfermedad, ellos tendrían

información adicional que no pensaban tener. El resultado fue que al trabajar con la enfermedad, tuvieron que hacer investigación acerca de la familia y encontraron que la enfermedad era hereditaria. La persona nunca hubiera sabido que alguien más en la familia sufriera de la misma enfermedad. En el segundo ejemplo, el color amarillo externo estaba alrededor de la pared plateada y del marro anaranjado. La interpretación fue que la manera de resolver el obstáculo en una situación financiera hizo cambios en el nivel de sobrevivencia- trabajo nuevo o cambio de residencia. Hubo un trabajo nuevo con salario mucho mejor, pero requirió entrenamiento adicional.

Verde

El factor externo tiene que ver con la salud. Dependiendo del tono de verde, tu puedes sentir que al resolver la situación, tu salud va a mejorar (verde obscuro) o puede haber peligros en tu salud (verde sucio).

Azul

Este color externo dice que tú eres la situación y su resolución va a impactar tus relaciones. Si el color es azul obscuro fuerte, esto significa que tus relaciones se van a beneficiar al resolver la situación. Y si el color es azul sucio, significa que al resolver la situación, tal vez pierdas una relación.

Purpura

Este color externo está diciendo que en algún lugar en el proceso de resolver esta situación, te vas a enfrentar con un dilema espiritual. Y si es purpura sucio, la solución del problema puede ponerte en discrepancia con tus éticas o creencias. Y si es un color purpura claro fuerte, entonces al resolver tu situación fortalecerás y honraras tus éticas y tus creencias.

Rosa

Este color externo, tiene que ver con romance y amor. Algunas veces el color aparece cuando la situación que se está enfrentado, está afectando un romance. Si el color es rosa sucio, entonces al resolver la situación te puede traer problemas en tu vida romántica. Si el rosa es claro, resolviendo la situación, resaltara o fortalecerá tu vida romántica. Recuerdo una vez cuando el rosa en el fondo apareció rodeando el color plata y anaranjado. La persona pudo encontrar un trabajo mejor, pero esto significo no trabajar mas para el papa de su esposa. El resultado fue tener problemas con su esposa. Puedo decir que ellos entendieron la interpretación de lo que vieron en el dibujo pero pensaron que no pasaría, y quedaron muy sorprendidos cuando esto pasó.

Plata

El factor externo aquí es finanzas, el mercado de valores o economía. Y si el color está actualmente tocando la pared o el marro, entonces detectas que tu acción o situación depende directamente de lo que está pasando con la economía.

Café

El factor externo expresado aquí es muy interesante y no es común ahora como fue hace 20 años. Esto habla de la posición social. El café rodeando el marro o la pared, está diciendo que resolviendo la situación va a causar que la gente te vea como creador de problemas o que estas violando ciertas reglas o tradiciones. Aun puedo ver esto cuando alguien está tratando de atravesar un "techo de vidrio" Así que si este determinado en resolver esta situación, esta consiente que vas a ser criticado por tu círculo social o visto como que quieres voltear la barca.

El Compás De La Vida

HACIENDO DECISIONES / ENCONTRANDO DIRECCIÓN

Si has escogido el diagrama, el compás de la vida para tu ejercicio, Estas trabajando para encontrar o para validar la dirección que tu vida está tomando o necesita tomar. Estas interesado(a) en revisar tu situación para saber si tu vida va de acuerdo a tu plan de vida. Este plan habla de establecer una dirección en la vida o estas comparando donde estas en referencia a donde sientes que debes estar.

La primera área para analizar, está en donde comenzaste a colorear. ¿Primero pusiste color al círculo interior? ¿O, primero pusiste color a las partes de afuera? Esto es algo muy importante de entender acerca de tu situación, porque habla de tu enfoque en actualidad. Si comenzaste tu dibujo con el compás interior, es que estas más preocupado en donde te encuentras hoy en día. Quieres validar si lo que estás haciendo en la vida, es lo que debes de estar haciendo. Si aplicaste color al compás de afuera primero, estas más preocupado hacia donde tu vida necesita ser dirigida en el futuro. Estas mirando el dibujo grande de tu vida.

La segunda área para analizar es en qué punto comenzaste a poner color. Si pusiste color en el punto norte primero, tu Yo-interior te está diciendo que vas por buen camino. Entonces tu preocupación puede ser, como mantener el camino corriente. Si aplicaste color al punto sur primero, tu Yo-interior te está diciendo que tu futura dirección está establecida y en sincronización hacia donde conscientemente quieres ir.

SOLAMENTE UN COLOR EN EL DIBUJO ENTERO

Esto a menudo indica que hay un aspecto tuyo, dominando completamente como ves la vida. Tienes dificultad en saber si tu vida va en la dirección correcta, o no. La causa puede ser que este aspecto está muy fuera de balance, posiblemente fuera de control. Típicamente esto sucede con los colores descritos abajo. Pero si el color que escoges no está descrito abajo, entonces busca en donde el color ha sido discutido y aplica aquí la traducción, usando el mismo método que es usado a continuación. Recuerda que necesitas trabajar los sombreados y rayones en tu interpretación.

El color que escoges te dice que aspecto esta fuera de balance.

Rojo
La vida en este momento es un reto, Tus emociones están al borde de perder control. Te sientes perdido, temeroso del futuro, o frustrado por los obstáculos en tu camino. Antes de enfrentar la dirección de tu vida, necesitas enfrentar tus emociones. **Acción sugerida**: Da a tu cuerpo una manera de expresar esta energía acumulada. Sal a caminar, haz ejercicio canta opera o coge una hoja de papel en blanco y llénala con rayones fuertes, atrevidos de color rojo. Ahora que esta energía ha sido ventilada, siéntate relajadamente y cierra los ojos. Toma una aspiración profunda, mantenla por unos segundos y exhala lentamente. Repite la misma operación dos veces más. Respira normalmente, continúa sentado en tu posición relajada con tus ojos cerrados. Con el ojo de tu mente vete a ti mismo rodeado(a) por una nube blanca y fresca. Siente que te refresca y te calma. Siente que sana tu dolor. Con cada exhalación hecha fuera lo que queda de la energía roja. Después de unas cuantas aspiraciones vas a notar que el rojo que está exhalando es más leve y más leve hasta que se vea como un color rosa. Agradece a tu Yo-interior por comunicarse y trabajar contigo para traer un estado de balance. Cuenta hasta tres y abre tus ojos. Toma una aspiración profunda. Has terminado el ejercicio.

Azul
La gente en tu vida está influenciando como decides tu dirección. Esta gente no es necesariamente gente que amas, desde que no existe rosa. Esta es gente con quien socializas o con quien trabajas. Esto quiere decir que tienes el peligro de caer en el estereotipo de quien debes de ser según la gente con quien te asocias. Tu Yo-interior te está diciendo que estas dejando a otros hacer decisiones en la vida por ti. Las voces externas están apagando tu voz interna. **Acción sugerida**: Esta es una buena oportunidad para revisar tu vida. Recuerda quien eres. Recuerda cuales fueron tus sueños y esperanzas conforme ibas creciendo, antes de ser corrupto por las experiencias de tu vida. Una de las formas de hacer esto es hacerlo en meditación, donde puedas ser el observador de tu propia película. Película tipo "Esta es tu vida". Siéntate en una posición relajada y cierra tus ojos. Haz una aspiración profunda, mantenla por unos segundos, luego exhala lentamente. Repite esta operación dos veces más. Respirando normalmente, continúa en tu posición relajada con los ojos cerrados. Con el ojo de tu mente, vete a ti mismo viendo una película. Deja que la película comience a cualquier edad que aparezca. No analices en este momento, simplemente observa y reconoce lo que ves y sientes. Haz una nota mental de las veces que te viste planeando tu futuro. Si durante la película hay ocasiones en que te ves hablando acerca de "cuando crezca yo quiero ser……." Toma notas mentales acerca de esto. Permite que la película termine naturalmente. Algunas personas ven la película paran y saben que la corriente de información está completa. Otros dicen que de repente se ven a sí mismos sentados enfrente de ellos; en otras palabras la película a llegado a donde ellos están en actualidad. Otros ven la película ir más allá del presente donde el Yo-interior siente que estarán en el futuro. Agradece a tu Yo-interior por esta información. Aspira profundamente, cuenta hasta tres y abre los

ojos. Has terminado la meditación. Mientras las memorias de la meditación están frescas en tu mente. Escribe notas de lo que viste, sentiste y entendiste. Conserva estas notas contigo por los siguientes dos días, conforme analizas e internalizas lo que viste. Tú vas a saber cuándo es tiempo de repetir el ejercicio de colorear. Mientras tanto cuando la gente que te rodea, hace comentarios acerca de la dirección en que va tu vida, mentalmente pregunta "?qué es lo que yo quiero hacer?"

Verde Tus preocupaciones acerca de tu salud, están bloqueando tus perspectivas para tu futuro. Estas mismas preocupaciones, tal vez están interfiriendo con tu camino en esta vida. **Acción sugerida**: Necesitas pensar acerca de tus perspectivas acerca de ti mismo, y darles una revisión realista. Si sientes que no estas saludable, Ve a ver al Doctor. Y si ya fuiste a ver al Doctor, y todo salió bien, pero no puedes dejar de sentirte enfermo, entonces medita acerca de que es lo que te hace sentir enfermo. Si estas en buena condición física pero el estrés de sentir que tu cuerpo no se ve cómo debe verse, entonces la meditación debe enfocarse, de donde vinieron estas expectaciones y porque vinieron. En adición a la meditación, debes también seguir las siguientes acciones generales sugeridas y sigue el ejercicio cada mañana antes de comenzar tu día, hasta que sientas que tus percepciones concernientes a tu salud, ya no están bloqueando otra información acerca de tu vida.

ACCIÓN GENERAL SUGERIDA

Ya que has enfrentado la energía que bloqueaba tu punto de vista de la vida. Haz el siguiente ejercicio. Pon atención a lo que te atrae a poner color primero, y así continua. Observa, no analices todavía, solamente obsérvate a ti mismo poniendo color y reconoce las memorias, pensamientos e ideas que se te vienen mientras repites el ejercicio. Si has removido los bloques de energía, tal vez recibas muchas ideas acerca de hacia dónde te lleva tu vida. Anota en la página para que puedas explorar más tarde, sigue poniendo color. Y si en este ejercicio repetido vuelves otra vez a usar un solo color. Entonces repite el ejercicio una y otra vez hasta que comiences a ver más colores. Algunas veces estas son capas de energía que necesitan ser removidas antes de poder hacer un dibujo más completo.

Si después de haber repetido el ejercicio un par de veces más, aun te encuentras usando el mismo color, entonces necesitas hacer una pausa. Hazlo nuevamente en otro día. Puede ser que los eventos cotidianos son tan intensos que necesitas descansar por unos momentos. Si aún te sientes que necesitas pintar (colorear), pero no puedes ir mas allá de un solo color en el diagrama, entonces trata de pintar otro diagrama. He encontrado que la luz de la vela y la flor de loto, ayudan bastante a entrar en la energía que estas bloqueando. Ellas te ayudan en enfocarte en el yo-superior, o en un significado más grande de la vida. En cierta forma te ayudan a ver más allá de los problemas que encuentras hoy, también te traen la esperanza de que una vida mejor que va más allá de tu tribulación presente.

SECCIONES Y COLORES EXTERNOS

En general, Este diagrama puede ser analizado en tres secciones; pasado, presente y futuro. Los coordinados occidentales, hablan al aspecto de tu pasado que está actuando en tu camino presente o el que te está llevando hacia el futuro. Los coordinados orientales hablan de los aspectos que necesitas trabajar conforme progresas con el tiempo. Así que el lado izquierdo de la página es lo que estás trabajando de tu pasado. El lado derecho de la página, es lo que tú ves trabajando en el futuro. Estos son aspectos de ti mismo que tienen influencia y son importantes para la dirección de tu vida ahora y en el futuro. La parte media del diagrama habla del camino de actualidad y del camino hacia el que vas en el futuro. Nota que esta sección del diagrama, habla del camino mismo no acerca de ti. Algunas veces el punto sur, es el que sobre sale, esto quiere decir que aun estas en transición de un sendero hacia otro. En otras palabras estas completando un ciclo o un capítulo de tu vida y comenzando otro.

Puntos Occidentales Los puntos occidentales hablan a los aspectos de ti mismo que están actuando en ti hoy. De lo que te está influenciando en algunas de las decisiones que necesitas hacer acerca de tu camino.

Rojo	En general el rojo habla de emociones. Si el rojo es claro, la emoción es más como una pasión, como creer en una causa. Si el rojo es obscuro con café en él, casi como el color del ladrillo, entonces la emoción es de enojo, frustración, temor o ansiedad. Esto está diciendo que tus emociones en el pasado crearon tus decisiones. ¿Es esto lo que quieres continuar haciendo? Este es el tiempo en que analices como hacer decisiones en la vida. Tal vez la única manera de llegar a donde estas ahora es por tu pasión o enojo. ¿Pero así es como quieres continuar?. El punto aquí es que ya es tiempo de tener este dialogo interno. Si ves que el rojo se extiende a mas secciones conforme te mueves hacia el este, estas reaccionando a la vida, en lugar de tomar control de tu vida. Este es el tiempo de mantener las emociones bajo control
Anaranjado	Este color habla del nivel de sobrevivencia; cosas como el trabajo las finanzas, y el hogar. Esto quiere decir que has encontrado retos en el pasado a nivel de sobrevivencia. ¿Tal vez perdiste tu trabajo, o tu casa? Cualquier clase de retos en el nivel de sobrevivencia que has vencido, ahora te están influenciando en tus decisiones de seguir adelante. Necesitas preguntarte si estás haciendo decisiones hacia dónde quieres ir en la vida o estás haciendo decisiones por miedo de caer en tiempos difíciles otra vez. Necesitas analizar por qué caíste en tiempos difíciles y dejar ir esos temores, o te estas privando de un futuro mucho mejor.
Amarillo	Este color dice que has utilizado tu inteligencia en el pasado para llegar a donde estas hoy. Un amarillo claro significa que tu habilidad para obtener información y ponerla a buen uso en tu vida, es una habilidad que aun tienes

y continuaras usando. Si el color es sucio entonces dice que no has hecho decisiones inteligentes y te está advirtiendo a que seas listo en las cosas que siguen adelante.

Verde Este color aparece a menudo en este diagrama cuando alguien siente que su estado de salud es lo que ha influenciado el camino para llegar a donde se encuentra hoy, así que un verde obscuro dice que sientes que tu buena salud ha sido una parte integral para traerte a donde estas en la actualidad. Un verde amarillento o sucio dice que has llegado a donde estas debido a tu mala salud. De cualquier manera, el verde dice que tu buena salud fue una influencia fuerte en cómo y porque estas donde estas.

Azul Este color dice que en el pasado has basado tus decisiones en lo que otros dicen o piensan. Has sido influenciado por las expectaciones y juicios de otros. Este es el tiempo de evaluar si aún crees en ellos o en lo que hacen. Este es el tiempo oportuno para saber quién eres en realidad, opuesto a lo que has estado tratando de ser.

Purpura Este color dice que tus creencias, éticas y espiritualidad han sido una parte importante en como hiciste tus decisiones. Si el color es claro y fuerte, tu espiritualidad te ha sostenido y te ha dado la base para llegar aquí. Este es un aspecto de ti mismo que puedes depender para que te de respaldo y fortaleza. Si el color es sucio, te está diciendo que en algún tiempo has comprometido o traicionado tus éticas. Tu yo espiritual te está recordando que lo que hiciste para llegar a donde estas necesita ser revisado.

Rosa Este color te está diciendo que el amor fue la base de inspiración al hacer decisiones. El amor ha sido tu fortaleza y ha sido responsable para traerte en donde estas hoy. Este es un aspecto de ti mismo que continuara dándote apoyo y fortaleza para llegar a donde quieres ir. Un rosa sucio habla de una situación amorosa que te desvió del camino. Sientes que hiciste decisiones basadas en el amor que de otra manera no hubieras hecho. Un dialogo interno se necesita hacer aquí. El amor se supone que es una influencia positiva. Y si no es, posiblemente confundiste otra cosa con el amor. Esto tal vas sea un aviso para que veas más profundamente en las situaciones y no seas muy rápido al asumir que te están dando consejo, basados en el amor o con amor.

Plata Este color habla de la situación de finanzas a la que estas reaccionando. Algo acerca de dinero, ganarlo o perderlo, que han influenciado tus decisiones en el pasado. El dinero fue tu inspiración y tu guía. Necesitas revalidar. ¿Aun quieres que el dinero sea tu motivación?. Porque hasta ahora todavía es una influencia fuerte en tus decisiones.

Café Este color habla de la cantidad de disciplina que has demostrado en el pasado. Si es café claro y obscuro, habla de cómo tu disciplina te ha ayudado a llegar a donde estas hoy. Si es café sucio o desordenado, entonces dice que en el pasado te ha faltado disciplina y te advierte que esta falta de disciplina va a ser un obstáculo en tu futuro.

Negro Este color está diciendo que tu no quieres recordad de dónde has venido. Estas tratando de ser alguien más. ¿Sientes vergüenza de quien eres o de dónde has venido? Estas escondiendo algo acerca de tu pasado y este esfuerzo está interfiriendo con las decisiones que necesitas hacer. ¿El esconder tu pasado te está limitando en lo que quieres hacer o a dónde quieres ir? ¿Acaso no sería mejor que encararas tu pasado y ser libre en lugar de ser esclavo de esta negación continua? Tal vez pienses que te estas escondiendo de tu pasado, pero tarde o temprano te vas a encarar con tu pasado, es mejor que te enfrentes de una vez y por todas.

Puntos Orientales Esta sección del diagrama habla de los aspectos de ti mismo que te ayudaran a seguir adelante o te presentaran retos. Al despertar tu interés a estos aspectos, tu Yo-interior te da una oportunidad para estar en mejor posición de triunfar.

Rojo Si este color es rojo claro, tu pasión, tu estado emocional y creer fuertemente en lo que estas haciendo, te llevaran a dónde quieres ir. Esto está diciendo que para ser prospero necesitas estar apasionado en lo que estás haciendo. Y si este color es rojo sucio, te está diciendo que tengas cuidado, porque tus emociones te pueden hacer caer. Tus emociones van a crear situaciones que van a trabajar en tu contra. Este es el tiempo de aprender a controlas tus emociones.

Anaranjado Este color te está diciendo que en el futuro, tu preocupación por tu nivel de sobrevivencia va a controlar tus decisiones. Si el color es claro, te dice que vas a poder mantener un nivel de sobrevivencia positivo y lo vas a usar como un trampolín o escalón. Si el color es sucio, te está diciendo que el temor de tener problemas a nivel de sobrevivencia, tendrá la tendencia a limitar el tomar riesgos. Vas a hacer decisiones basado en tu temor de no poder cuidar del nivel de sobrevivencia. Estas concentrado cada dia hacia donde tu vida se dirige.

Amarillo Este color habla de conocimiento e información. Toma tu tiempo para hacer tu tarea con diligencia. Esta es definitivamente una señal de planear cada paso cuidadosamente. Depende de tu inteligencia para hacer la decisión correcta. Si el color es amarillo sucio, ten cuidado de que alguien esté poniendo la información equivocada. Algunas veces esto es visto en situaciones en donde alguien está plantando información equivocada o interpretando las cosas mal. Amarillo sucio significa que necesitas verificar cada pedazo de información antes de hacer una decisión.

Verde Este color dice que para seguir adelante necesitas concentrarte en tu salud. Tal vez sientas que al paso que vas, o los sacrificios que has estado haciendo, te va a traer malas consecuencias. Este es el tiempo de prevenir una salud mala.

Azul   Este color dice, que algunas gentes van a influir en tus decisiones. Si el color es azul claro, esto afirma que el grupo de tus asociados te ayudaran a subir a la cabeza. Deberías de trabajar cultivando lazos fuertes con tus asociados. Si el color es azul sucio, vas a tener la tendencia de agradar más a los demás que a ti mismo. Las decisiones que vas a hacer acerca de tu vida, estarán basadas en lo que otros esperan de ti en lugar de lo que quieres para ti mismo.

Purpura   Esta situación, incluye un aspecto ético. Este color dice que puedes encontrar un conflicto de ética o de creencias, al planear tu futuro. Si el purpura ha estado en el pasado, tu ser espiritual parece ser una lección de la vida. Puedes decir que puedes probar que puedes llegar a lo más alto sin perder tu espiritualidad. Si el color es purpura sucio, serás tentado a traicionar tus creencias y éticas en cambio del triunfo.

Rosa   Un rosa fuerte y claro dice que el amor va a ser tu guía y fortaleza al hacer decisiones claves en la vida. Un rosa sucio dice que necesitas tener cuidado con relaciones amorosas, porque vas a tener la tendencia a ser desviado por alguien que te profesa amor. Mira cuidadosamente al cuadro más importante para que verifiques que la decisión es correcta desde todos los puntos de vista, y no únicamente desde el punto de vista del amor.

Plata   El dinero va a ser un incentivo al hacer decisiones. Si el color es claro, vas en camino hacia buenas oportunidades para un triunfo financiero. Si el color es sucio o borroso, vas a ser tentado a "vender" o a traicionarte por el dinero.

Café   Este color dice que la disciplina va a ser un factor muy importante al hacer decisiones. Si el color es obscuro y claro, necesitas tener disciplina para prepararte para triunfar. Si el color es sucio y revuelto, dice que tu falta de disciplina será tu caída.

Negro   Este color dice que estas tratando de no tener ideas preconcebidas acerca de cómo será tu futuro. Estas con una mente abierta a lo que venga. Pero si esto es verdad, porque escogiste este diagrama para trabajar. ¿Eres honesto contigo mismo? ¿O tienes miedo de poner expectativas en ti mismo por temor a fracasar? Necesitas tener un dialogo interno contigo mismo.

Punto Norte Basado en donde te encuentras hoy día, es en donde vas a terminar. Esto puede ser en donde hayas alcanzado tu posición más alta, o tu último triunfo. Esto tal vez hable acerca de hacia dónde te lleve tu siguiente ciclo o capítulo de tu vida. Cuando seleccionaste este diagrama, debes de haber tenido una pregunta o idea acerca de cómo va a ser tu futuro. Usa tu definición del futuro para que te diga lo que el punto del norte está diciendo.

Rojo Este color está diciendo que si continúas conforme vas, tú terminaras en un estado de emociones muy fuertes. Si el color es claro, vas hacia un punto en tu vida en donde dedicaras tu vida a una causa. Algo en que tú crees tan fuertemente así que vas a dedicar tu vida haciendo de esta causa un triunfo. Si el color es sucio, vas por un camino que te llevara a una tormenta emocional. Maneja tus emociones ahora o de otra manera antes de que sean muy difíciles de controlar conforme se acumulan.

Anaranjado Este color dice que tu futuro se enfocara al derredor del nivel de sobrevivencia. Estas más interesado en estar seguro que tienes un techo sobre tu cabeza y comida sobre la mesa, que alcanzar algo más grande en la vida. Mira a las otras áreas del dibujo. ¿Hay algunas claves que te indiquen por qué estas limitando tu futuro y concentrando únicamente en el nivel de sobrevivencia? ¿Hay algunos temores que te detienen de aspirar algo mejor?

Amarillo Esto dice que tu futuro necesitara que trabajes con sabiduría. Ya sea que subas a la fama y gloria inventando algo en que llegues a ser un experto. Tu futuro se enfocara en usar tu inteligencia; inventando, estudiando, escribiendo o en cualquier campo que requiera bastante inteligencia y concentración de pensamiento.

Verde Tu futuro estará envuelto en el área de salud. Si el color es verde obscuro y brillante, esto dice que estarás trabajando en el campo de la salud. Tu concentración será el ayudar a otros a obtener salud. Y si el color es verde sucio, esto dice que tu salud sufrirá a causa de lo que estás haciendo ahora. Este es un aviso para que cambies lo que estás haciendo ahora para que salves tu salud.

Azul Tu futuro se concentrara en trabajar con la gente. Si el azul es claro, estarás trabajando con la gente. Puede que seas consejero, terapista o consultante; cualquier campo donde trabajes directamente con la gente, aconsejándoles sobre las decisiones que deben de tomar. Y si el color es azul sucio, entonces tu futuro será trabajando con gente que están en situaciones difíciles.

Purpura Tu futuro estará concentrado en espiritualidad. Puedes llegar a ser un líder espiritual. O tal vez te enfoques en desarrollar tus habilidades psíquicas. En general podemos decir que tu vida será dedicada a resaltar tu naturaleza espiritual y usándola para ayudar a los demás.

Rosa Este color dice que hay amor en tu futuro. Tu vida estará concentrada en sentir amor y vivir en amor.

Plata Este color habla de las finanzas en tu futuro. Si el color es claro, vas a tener un futuro de finanzas fuerte, o vas a trabajar en el campo de las finanzas. Si el color es sucio, esto dice que vas a enfrentar asuntos financieros. Esto puede ser que tú tengas que enfrentar tus propios problemas financieros, o que vayas a trabajar ayudando a gente que este teniendo problemas de finanzas.

Punto Del Sur Esta es una situación interesante del dibujo. Esto habla de lo que puede pasar si no sigues adelante. Así que esto habla de las consecuencias de no trabajar en lo que necesitas trabajar. Puedes llamarlo un resbalón, o puede ser un futuro alternado basado en las decisiones que estás haciendo. Las interpretaciones del color, son las mismas que las del punto norte.

Círculo Interno Estos colores hablan acerca de lo que está pasando en la actualidad conforme haces tus decisiones acerca de tu futuro. Ellas pueden ser los obstáculos que te están deteniendo de progresar hacia tus planes futuros. O pueden ser tus propios aspectos en los que necesitas depender o empujar hacia adelante. He encontrado que usualmente el círculo interno es todo un color. Pero, si tienes más de un color en el circulo interno, entonces tienes más de un solo aspecto para trabajar o para usarlo. Así que trátalos con igual importancia

Rojo	Si es un rojo claro, te está diciendo que tu empuje emocional y tu pasión es lo que te llevara al siguiente paso hacia tus planes futuros. Si el color es rojo sucio, esto dice que lo que te está deteniendo de progresar son tus emociones; enojo, miedo, ansiedad y cosas por el estilo. Si no enfrentas estas emociones, entonces mira el punto del sur para que te muestre hacia dónde vas, en lugar de tu futuro planeado.
Anaranjado	Tu preocupación por tu futuro, es lo que te mantiene en tu lugar. Estas confortable en donde estas y no tienes ninguna razón forzada para moverte hacia adelante. Estas enfocado principalmente en mantener un techo sobre la cabeza y comida en la mesa, Si no encuentras algo para avanzar, mira lo que has dibujado, en el punto del sur, para ver dónde vas a terminar en el futuro.
Amarillo	Si este es un color claro, esto te está diciendo que tu inteligencia es tu llave hacia tu futuro. Esto puede ser tu educación, tu habilidad para encontrar y usar información, y tu habilidad para hacer decisiones sabias. Si el color es amarillo sucio, esto te está diciendo que lo que te está deteniendo en tu futuro planeado, es la falta de inteligencia al hacer decisiones. Necesitas aprender a mirar la situación desde todos los ángulos posibles y asegurarte que tienes suficiente información para hacer decisiones. El hacer decisiones sin suficiente información, es lo que te está deteniendo de tus planes futuros.
Verde	Este color está diciendo que tu estado de salud, juega un papel muy importante hacia tu futuro. Si el color es claro, tu salud vigorosa, te ayudara a llegar hacia dónde quieres llegar. Si el color es sucio, necesitas poner tu salud en orden antes de que ataques tus planes futuros.
Azul	Si este color es claro, estás trabajando con tu equipo y este grupo de gente te ayudara a llegar hacia dónde vas. Si el color es sucio, tu obstáculo es que estas

escuchando a la gente equivocada. Estas haciendo decisiones basados en lo que otros dicen y esperan de ti, en lugar de basarlas en lo que quieres y sabes. Necesitas confiar más en ti. Y sobre todas las cosas, necesitas conocerte mejor antes de proceder.

Purpura   Este color está diciendo que tu espiritualidad es la puerta hacia tu futuro. Mantén tu fe fuerte. Apégate a tus éticas y a tus creencias porque ellas te ayudaran a llegar a ese lugar.

Rosa   Este color está diciendo que mucho de lo que triunfes, lo harás con amor y por amor. Si el color es claro, el amor es tu fortaleza y te llevara a ese lugar. Si el color es sucio, confusión acerca del amor te estorbara para hacer las decisiones correctas que conciernen a tu futuro.

Plata   Esto está diciendo que el dinero te llevara hacia donde te diriges. Esto tal vez hable de una inversión que necesitas hacer para alcanzar tus metas. O, esto puede significar que necesitas manejar mejor tu dinero en orden de hacer progreso hacia tu futuro.

Café   Este color está diciendo que tu nivel de disciplina es la puerta hacia tu futuro. Si el color es claro y obscuro, tu disciplina fuerte y tu fuerza de voluntad te ayudaran a triunfar. Si el color es sucio, tu falta de disciplina te está deteniendo de moverte hacia adelante.

Negro   Este color está diciendo que hay algo desconocido que está influenciando tu futuro. Haz cada paso con tantas precauciones seguras como puedas pensar, porque hay algo o alguien que está influenciando tu futuro y hasta este momento, no sabes si es bueno o malo.

El Árbol De La Vida

Trabajando Sobre Fortaleza, Crecimiento, Valor

La selección de este diagrama dice que estás trabajando en ti mismo. Sientes que antes de seguir adelante con otros aspectos de tu vida necesitas fortalecer tu propia fortaleza interior. Este es un tiempo en tu vida para analizar lo que has alcanzado y darte una palmadita en la espalda. Es también tiempo de decir que aun cuando el camino ha sido duro, tú quieres continuar. Estas listo para trabajar sobre algunas de tus lecciones karmicas. Estas listo para prepararte a enfrentar tus sentimientos internos. Ya no tienes miedo de admitir que has tenido debilidades, porque estás listo para enfrentarlas. Sobre todo estás listo para llegar a tu siguiente evolución en esta vida. Deberías de reconocer que al haber escogido este diagrama estas expresando valor y creer en tu propia fortaleza para crecer.

La primera área para analizar, es donde comenzaste a poner color. ¿Tu primer color lo pusiste en la raíz, el tronco o la punta del árbol? Donde comienzas, habla de cómo vas desarrollando tu fortaleza interior. Esto habla de tu acercamiento a crecer.

LAS RAÍCES DEL ÁRBOL COMO PUNTO DE COMIENZO

Este punto de comienzo indica que estas mirando tu linaje, tu herencia, tu familia y tu pasado para fortalecerte. Sientes que al ver la grandeza en estas áreas te sientes inspirado a crecer y tener valor para enfrentar el futuro. Tal vez sientas que revisando el pasado y reconociendo el dolor y las dificultades que has sufrido, te van a liberar de tu pasado y permitir que crezcas. Tú sientes que se necesita valor y fortaleza para enfrentarte a tu pasado, pero estas listo.

EL TRONCO DEL ÁRBOL COMO PUNTO DE COMIENZO

Este punto de comienzo indica que estas en paz con tu pasado y sientes que es más importante ahora el enfocarte sobre que te está llevando a crecer. Quieres entender que está apoyando tu crecimiento, tu fuerza motriz, tus bases para crecer.

PUNTA DEL ÁRBOL COMO PUNTO DE COMIENZO

Este punto de comienzo dice que te enfocas en tu crecimiento actual y seguir hacia adelante. Te sientes apoyado adecuadamente y has hecho paz con tu pasado. Sientes que comprendiendo tu inspiración y tu potencial, es lo que es importante en tu vida en actualidad.

AGREGASTE FRUTA EN TU DIBUJO

Esto es muy interesante porque está diciendo que quieres alcanzar este crecimiento no únicamente para ti. Quieres sentir que habrá beneficios tangibles a tu crecimiento. Tienes ciertas expectativas de cómo tu crecimiento interior beneficiara a los que están alrededor tuyo. Mira la guía de interpretación del color para que te ayude a entender que es lo que estas expectativas son.

La segunda cosa para analizar acerca de tu dibujo, son los colores que usaste en el cuadro. Recuerda también tomar en cuenta el sombreado y aplicación al hacer la interpretación de tus colores. El sombreado y rayones es discutido en el prefacio de esta sección.

SOLAMENTE UN COLOR A TRAVÉS DE TODO EL DIBUJO

Esto a menudo indica que hay un aspecto de ti mismo que sientes que estorba tu camino hacia el crecimiento. Este ha de ser un aspecto difícil para que lo enfrentes al haber estado tanto tiempo sin haberlo enfrentado, Por lo tanto al enfrentarlo ahora estas también trabajando en valor y fuerza. ¿Que es este aspecto que tiene tan preocupado

El color que escojas, habla de que aspecto quieres trabajar como tu primer paso hacia el crecimiento.

Rojo	El aspecto de ti mismo, el cual necesitas trabajar es tu yo emocional. Tus emociones están controlando tus reacciones a la vida al hacer decisiones. Este es el lugar principal para que comiences tu camino hacia el crecimiento, fortaleza de carácter y sabiduría. **Acción sugerida**: Haz un esfuerzo concienzudo para analizar tus reacciones antes de responder a una situación. En argumentos, no tomes todo lo dicho como un rechazo personal. Sepárate a ti mismo de lo que se ha dicho y concéntrate más en porque esta persona está diciendo estas cosas. Al entender el "por qué" vas a tener más compasión y paciencia a la otra persona. Lo que sigue es estar capacitado para no tomar las cosas personalmente. La meta eventual es estar capacitado para enfocarte sobre cómo resolver los asuntos, en lugar de preocuparte de cómo ganar el argumento.
Azul	Tu concentración en relaciones interpersonales te está desviando de tu propio camino. Hay necesidad de esclarecer límites entre tú y los otros. La pregunta

que necesitas hacerte es "¿estoy usando el ayudar a otros como una excusa para no enfocarme en mi mismo?" Esto puede convertirse en un habito. Cuando ayudas a otros en sus problemas, te sientes bien acerca de ti mismo. Si has hecho una buena obra, pero si no aprendiste de lo que hiciste, no has hecho ningún progreso en tu propio crecimiento. El enfocarse continuamente en los problemas y faltas de los demás, es una forma de negar que tengamos faltas y problemas. También, cuando llegamos a ser ayudadores crónicos, alentamos a los que ayudamos a depender de nosotros. Esto comienza una espiral hacia abajo para los dos partidos. Algunas veces la forma de ayudar a otros es dejarlos que resuelvan sus propios problemas. **Acción sugerida**: Haz un esfuerzo concienzudo de pensar en lo que te están pidiendo, antes de responder. Cuando alguien te pide ayuda, hazte una serie de preguntas. Están realmente pidiendo ayuda o están asumiendo que necesitan ayuda y presionando a que los asistas? Algunas veces, la gente solamente quieren ser escuchadas y esto en sí mismo es la ayuda que necesitan. ¿La persona que está pidiendo ayuda es floja? ¿Están acostumbrados a que los demás los atiendan y por lo tanto no tienen que tomar responsabilidad de sus propias vidas? Al ayudar a esta clase de personas y familiares, los estas deteniendo de crecer y llegar a ser gente responsable. A menudo este tipo de gente usa tácticas emocionales para convencerte de ayudarlos. "Tú eres el único que siempre me ha ayudado". "Tú sabes que dura la he pasado solamente necesito unos cuantos pesos para poder pasarla por algunos días." Mira profundamente en lo que te piden. ¿Están en esta situación por haber hecho decisiones malas? ¿Esta persona está en esta situación por haberse gastado el dinero de la renta en fiestas? O necesitan un lugar para vivir por unos meses por haber gastado el dinero en un carro nuevo o tuvieron vacaciones costosas y ahora como consecuencias no tienen dinero para pagar la renta. Al ayudar a estas personas, les estas diciendo que es aceptable lo que hicieron en lugar de tomar responsabilidad por ellos mismos. Haz un esfuerzo concienzudo de pensar lo que vas a hacer, antes de acordar que los vas a ayudar. En general, el tener azul como el único color en este cuadro, está diciendo que el tipo de relaciones que has establecido, te está proveyendo con las lecciones espirituales y problemas que necesitas vencer para poder continuar en tu camino hacia el yo elevado.

Verde   Las lecciones corrientes que has enfrentado con tu cuerpo físico y tu salud. Si el color es profundo y rico, tu lección es vencer estos asuntos de salud, tomando control de tu vida. La lección es concentrar todos tus aspectos en alcanzar buena salud. Esto es usar tu yo espiritual, tu inteligencia, tu pasión y amor por la vida, tu disciplina y tu amor hacia ti mismo para vencer estos retos que enfrentas en esta área. Si el color es amarillento o verde sucio, necesitas ayuda en la área de la salud. Tal vez ves estés negando, y es tiempo para que admitas que existe un problema. Es esta negación la que te está deteniendo de progresar en tu camino espiritual hacia el crecimiento. **Acción sugerida**: Necesitas pensar acerca de tus percepciones acerca de ti mismo y darles una revisión realista. Si sientes que no estás en buena salud, ve a ver al doctor. Y si ya fuiste a ver al doctor y todo salió bien, pero no dejas de sentirte enfermo. Entonces lo que necesitas es meditar sobre qué es lo que te hace sentirte enfermo. Si estas en buena salud pero el estrés es que tu cuerpo no se ve cómo debe verse, entonces tu meditación se debe de concentrar en de donde estas expectaciones vinieron y porque. Además de la meditación, Deberías también seguir la acción sugerida en general que esta abajo y hacer el ejercicio cada mañana antes de comenzar tu día, hasta que sientas que tus percepciones acerca de tu salud y tu cuerpo han regresado en balance con el resto de tu vida.

Amarillo La lección corriente es mantener un balance saludable entre tu inteligencia y tu intuición. Esto significa que estas tratando de resolver todo por medio de la lógica y no tomar en consideración el aspecto humano, emocional, el amor o situaciones de aspecto espiritual. La otra interpretación es que tal vez estés negando tu lado inteligente. Estas enfrentado la vida en modo retroactivo y debes de pensar más en tus acciones y decisiones.

ACCIONES SUGERIDAS EN GENERAL

Medita en el color que has usado y trata de aplicar la interpretación a tu propia vida. Revisa tu pasado conforme las memorias vienen a la superficie. ¿Estas lidiando con patrones en tu vida que te están deteniendo de crecer? Concéntrate en este color por unos días y luego haz el ejercicio de nuevo. Ve si el color cambia. Si aún es el un solo color y el mismo, entonces continua trabajando hasta que el ejercicio de diferente color.

SECCIONES Y COLORES

Las raíces del árbol Estos colores hablan de tu pasado, de tu familia y tu principio. En algunos casos estarás expresando un aspecto positivo acerca de tu principio. El color está indicando que aspecto de ti mismo tiene acceso a tu pasado para sostenerte en tus tribulaciones corrientes. Otras veces, el color de una área de tu pasado que necesita ser sanada o resuelta como una manera de seguir adelante en tu sendero. Mira otros aspectos del color como una manera de distinguir el tipo de influencias que el pasado tiene con tu crecimiento actual. Estos otros aspectos fueron discutidos en el prefacio de esta sección. Ellos son el sombreado y rayón del color. El área de la página en que pintaste primero, ya sea que el color sea el mismo o en combinación con otro color. Todos estos aspectos pueden ayudarte a ser más específico en la interpretación del mensaje.

Rojo El rojo en las raíces, dice que hay algunas emociones negativas del pasado que tú necesitas resolver para progresar a tu camino. Esto puede ser enojo hacia alguna persona, una experiencia traumática, un patrón de experiencias dolorosas que te han predispuesto con cierto tipo de personalidades. Ahí se necesita ser sanado del pasado. El hecho que hallas seleccionado este dibujo y estos colores, dice que estás listo para perdonar y ser perdonado. Estas listo para seguir adelante y dejar que el pasado descanse en paz. Este es el tiempo para tener bastante meditación. Tal vez es el tiempo de encontrar un consejero con el que puedas hablar de estas cosas. Tu primer paso es reconocer cuanto has avanzado desde ese tiempo y entender que ya has vencido algunas de las trabas del pasado que te detenían. Es asunto de completar el proceso,

Anaranjado   La forma en que sobreviviste tus años de crecimiento, está profundamente metido en ti, que ha influenciado fuertemente tus reacciones en tu vida actual. Necesitas tomar tiempo y educarte al hecho de que las condiciones en que tu familia estuvo en el pasado, no son las mismas que tú estás viviendo ahora. Necesitas dejar ir los temores y hábitos de esos tiempos. Esto puede ir en cualquier dirección. Por ejemplo, si creciste en un ambiente de afluencia, pero hoy en día no tienes suficiente dinero y estas teniendo dificultades de estar en tu presupuesto. Sientes enojo a causa de no tener más dinero. Necesitas repasar acerca de los eventos y decisiones que sucedieron cambiando tu situación y tus actitudes. Otro ejemplo, si creciste dentro de una familia que no tuvo mucho dinero, pero ahora tú ganas bastante dinero. Sin embargo, sientes que no puedes gastar tu dinero y siempre estas comprando las cosas más baratas para ti y para los demás. Una parte de ti mismo aún tiene miedo que puedes estar en la situación de tus padres, de no tener suficiente dinero. Este temor te está deteniendo de hacer decisiones más apropiadas para tu vida en la actualidad.

Amarillo   Hay información importante en tu pasado. Te beneficiaria revisar tu pasado y aprender de el. Esta es la información que te ayudara en tu camino hacia el crecimiento. Si el amarillo es sucio, ten cuidado de que la información que estas descubriendo, no sea lo que tú piensas. Hay algunas verdades que ha sido cubiertas y ahora es el tiempo de descubrirlas.

Verde   De acuerdo como enfrentaste tu salud, está dictando como manejas tu salud hoy día. Por ejemplo, Si una persona de importancia en tu familia, uso su salud deficiente como una manera de manipular a los otros miembros de la familia. Entonces tú te enfermas seguido y comúnmente no quieres enfrentarte a la situación. Otra cosa que he visto, cuando un jovencito no recibió compasión y cuidado cuando estuvo enfermo. Ahora se le hace difícil tener paciencia o compasión por los que el ama cuando ellos están enfermos. Así, tú ahora encuentras difícil tener compasión o paciencia para los que amas cuando ellos están enfermos. En efecto te enoja el verlos enfermos. Ya es tiempo de que revises tu actitud hacia la salud en tu pasado y ajustes tu actitud basada en esta información.

Azul   Es la gente de tu pasado que te apoyara en tus periodos difíciles. Este color en las raíces dice, que tienes relaciones sólidas con un grupo fuerte de amigos y familia con los que puedes contar. Si el color es sucio, entonces afirma lo contrario. Esto dice que la ayuda de la gente en el pasado vino con compromisos. Estas relaciones son importantes, de otra manera no hubieran aparecido. Tu tarea es revisar estas relaciones y aclarar en qué puedes o no puedes depender de ellos. Esta hará que tu camino hacia adelante sea más placentero.

Purpura	Este color está diciendo que tu espiritualidad es el fundamento y llave, para tu fortaleza, valor y desarrollo. Mantén tu fe fuerte. Apégate a tus éticas y creencias porque ellas te llevaran al triunfo. Si el color es sucio, esto dice que la interpretación de las creencias espirituales que tu familia tiene, necesitan ser revisadas. Puede haber algunas interpretaciones equivocadas de las que debes estar enterado. Necesitas revisar tus propias creencias y ver si algunas de ellas necesitan ser corregidas de acuerdo con esta nueva información.
Rosa	Si el color es claro, esto dice que el amor es tu fuerza y te llevara a dónde vas. Si el color es sucio, está diciendo que tu confusión acerca del amor te está estorbando para hacer decisiones correctas en lo que se refiere a tu futuro. De cualquier manera, el rosa en las raíces. El sombreado y los rayones en las raíces te pueden dar luz en cómo manejar tu vida amorosa hoy día.

El Tronco Del Árbol Estos colores tienen que ver con lo que está apoyando tu camino en el presente. Estos colores pueden hablar acerca de tu carrera en el presente o de tus relaciones actuales. Estos son los elementos que te llevaran a alcanzar tus metas o son los obstáculos en tu camino.

Rojo	Si este es un rojo claro. Esto está diciendo que tu motivación emocional, tu pasión, es lo que te llevara a tu siguiente paso hacia tu futuro. Si tu color es rojo sucio, te está diciendo que lo que te está deteniendo de progresar son tus emociones; enojo, temor, ansiedad y todo lo parecido. Necesitas controlar tus emociones mejor para que no controlen tus decisiones y reacciones en la vida.
Anaranjado	Tu preocupación por el futuro, te mantiene en un solo lugar, te sientes confortable en donde estas y no tienes una razón que te motive a seguir adelante. Estas concentrándote en mantener un techo sobre tu cabeza y comida en tu plato. Si la copa del árbol no es anaranjada sino de otro color, entonces no estas sincronizado contigo mismo. Tal vez tengas expectativas no razonables o no estás dispuesto a tomar los riesgos necesarios para alcanzar tus sueños.
Amarillo	Si este es un color claro, esto te está diciendo que tu inteligencia es la llave para tu futuro. Esto puede significar tu educación, tu habilidad para encontrar y usar información, y tu habilidad para hacer decisiones inteligentes. Si el color es amarillo sucio, te está diciendo que lo que te está deteniendo de alcanzar el futuro que has planeado es tu falta de inteligencia al hacer decisiones. Necesitas aprender a mirar la situación desde todos ángulos y estar seguro

que tienes suficiente información para hacer decisiones. El hacer decisiones sin tener suficiente información es lo que te tiene atorado para alcanzar tus planes futuros.

Verde

Este color te está diciendo, que tu estado de salud, está jugando un papel importante en tu progreso hacia el futuro. Si el color es claro, Tu salud es fuerte, te llevara a dónde quieres estar. Si el color es sucio, necesitas poner tu salud en orden antes de atacar tus planes futuros.

Azul

Si este color es claro, estás trabajando con tu red de allegados, y esta red de gente te ayudara a llegar hacia dónde vas. Si el color es sucio, tu obstáculo es que estas escuchando a la gente equivocada. Estas haciendo decisiones basadas en lo que otros dicen y esperan de ti, en lugar de basarte en lo que tú quieres y sabes. Necesitas confiar más en ti. Y sobre todas las cosas, necesitas conocerte mejor antes de proceder.

Purpura

Este color está diciendo que tu espiritualidad es la puerta hacia tu futuro. Mantén tu fe fuerte. Apégate a tus éticas y creencias porque ellas te van a llevar a dónde vas.

Rosa

Este color está diciendo, que mucho de lo que alcances, lo harás con amor y por amor. Si el color es claro, esto dice que el amor es tu fuerza y te llevara a dónde quieres ir. Si el color es sucio, esto te dice que tu confusión acerca del amor, te está estorbando para hacer las decisiones correctas. En lo que pertenece a tu futuro.

Plata

Esto te dice que el dinero, es lo que te llevara hacia dónde vas. Esto puede hablar de inversiones que necesitas hacer para alcanzar tus metas o, puede decir que necesitas manejar mejor tu dinero para poder hacer progreso hacia el futuro.

Café

Este color te dice que tu nivel de disciplina es tu puerta hacia el futuro. Si el color es claro y obscuro, habla de tu fuerte disciplina y fuerza de voluntad como la base de tu triunfo. Si el color es sucio, esto te dice que tu falta de disciplina te está deteniendo de moverte hacia adelante.

Copa Del Árbol

Estos colores hablan de hacia dónde vas en que se puede interpretar tu crecimiento. De lo que alcanzaras si tienes la fuerza y el valor para enfrentar los retos y aprender las lecciones.

Rojo

La copa o punta del árbol de color rojo, habla de una causa que llegue a ser apasionada. Esto habla de emociones fuertes; normalmente están al fin positivo del espectro emocional.

Anaranjado   Este es el color del nivel físico y de sobrevivencia. Cuando la copa del árbol tiene anaranjado, es una afirmación de que el nivel de sobrevivencia está asegurado. Es un estímulo de que vale la pena de tomar el riesgo.

Amarillo   Esto está diciendo que tu crecimiento, traerá iluminación e inteligencia elevada.

Verde   A veces el verde en la copa del árbol, habla de alcanzar buena salud a través del espíritu. En otras veces dice que tu sendero espiritual se va a encontrar en el campo de sanar. Tú vas a ser un a clase de sanador.

Azul   Tu crecimiento te va a llevar a una posición o carrera en donde vas a trabajar con la gente. Ayudar a la gente, va a ser tu forma de vida.

Purpura   Este color en la copa del árbol, habla de un llamamiento espiritual. Esto significa que tu camino hacia el crecimiento será interpretado en un llamamiento en el campo espiritual.

Rosa   Una vez que venzas las lecciones y retos con los que te encuentras hoy vas a encontrar amor. Con lo que has estado trabajando en actualidad, es lo que te ha estado privando del amor.

Plata   Existe una recompensa al fin de tu jornada. Venciendo tus retos y tus obstáculos en actualidad, se manifestara en recompensa financiera.

Fruta Agregada Agregar frutas a tu dibujo, dice que estas muy enfocado en las "frutas de tu labor." Necesitas revisar tus razones y actitudes. El camino hacia el crecimiento no debe tener estas condiciones. El crecimiento espiritual no debe de negociarse. El hecho de que has crecido en valor y fortaleza debe ser tu propia recompensa.

Rojo   Crees que por haber vencido los retos en la vida actual, vas a hacer que los que te hicieron sufrir paguen por lo que te hicieron. La fruta roja significa venganza. Necesitas trabajar en perdonar. Esta fruta roja terminara echando a perder tu triunfo.

Anaranjado   Tu preocupación por el nivel de sobrevivencia, no va a desaparecer por completo, cuando alcances tus metas te va a perseguir . Lo mejor es que encares estas preocupaciones de sobrevivencia, antes de seguir adelante, para que no echen a perder tu triunfo o tal vez, sabotear tu triunfo.

Amarillo   Parte de alcanzar tu propio futuro, significara llegar a ser iluminado. La fruta amarilla representa aspectos de iluminación que se realizara cuando venzas los retos que estas enfrentando.

Verde   Una recompensa agregada al alcanzar tu propio futuro, será estar en buena salud.

Azul	Tu aspiración de alcanzar tu "grupo" se manifiestan. Sientes que si puedes crecer, puedes ser aceptado en el círculo social al que quieres pertenecer. Esto puede llegar a ser un argumento que de vueltas, porque conforme creces, menos te importa "el pertenecer" y a menudo esto hace que seas más atractivo a los demás, que en turno esto significa que vas a ser más aceptado, pero para entonces no te importara el ser "aceptado". Es curioso cómo trabaja esta situación.
Purpura	el purpura dice que parte de tu recompensa por el crecimiento, es llegar a ser más espiritual y compartir tu espiritualidad.
Rosa	La razón de querer crecer, es que sientes que por haber vencido, o, aprendido las lecciones que enfrentaste, merecerás mas el amor. Parecido al azul, esto puede llegar a ser un argumento circular. Pero sin embargo es un beneficio. Tendrás amor como resultado del crecimiento, pero únicamente a causa de que sientes merecer el amor y permitir ser amado.
Plata	Tus esperanzas, son el valor y fortaleza, y el crecimiento espiritual, traerá recompensa financiera. La fruta de color plata significa que habrá alguna recompensa financiera. Pero el hecho de que hay alguna fruta, pero no en toda la copa, significa que serán eventos aislados. De nuevo, no pongas estas expectaciones en tu crecimiento, porque las expectaciones en sí mismas sabotearan su manifestación.

Amanecer / Atardecer

Trabajado En Estabilidad, Madurez, Familia

Si has escogido el diagrama Amanecer/Atardecer para tu ejercicio, esto dice que sientes la necesidad de tener un ambiente más estable y predecible. Tu vida ha tenido muchas complicaciones, que es necesario tomar un descanso. Tu vida, ha sido muy interesante y disfrutable, pero tu espíritu están pidiendo paz. No te estás haciendo viejo, solamente estas creciendo.

El simbolismo de este dibujo es que no importa que mal vayan las cosas, o que cansado estés, siempre hay un mañana. El mañana tiene otra oportunidad de hacer todo correctamente. El mañana puede traer mejores oportunidades. Al escoger este diagrama, dice que a pesar de que estés cansado(a) de las batallas que has encarado, no estas aun listo para darte por vencido.

La primera área para comenzar, es donde comenzaste a poner color. ¿Comenzaste a poner color en el sol, la montaña, las praderas, o, el rio? Donde has comenzado habla de lo que tu espíritu está pidiendo para sentirse seguro, estable y alimentado.

EL RIO COMO PUNTA DE COMIENZO

Este punto de comienzo indica que estás buscando purificación. Tal vez sientas que has llegado a una situación en donde no hay salida. Quieres una oportunidad de comenzar limpio de nuevo.

¿Acaso tu pasado te ha alcanzado? ¿Has estado gastando mucho tiempo tratando de cubrir tu pasado o, estas tratando de escapar del? El limpiar el espíritu puede pasar, pero no es fácil. Necesitas meditar en como perdonar a los demás, perdonarte a ti mismo y pedir perdón a aquellos a quienes lastimaste en el proceso.

PRINCIPIO DE LA COLINA COMO PUNTO DE COMIENZO

Sientes que has progresado en tu búsqueda de una vida estable y feliz. Sin embargo sientes que hay retos que puedan interferir en tu progreso hacia tu tierra prometida. ¿Puedes preguntarte que evidencias tienes de que estos peligros existan? ¿O, es que como has tenido dificultades anteriormente, mereces una vida buena? Estas tribulaciones futuras, pueden únicamente existir en tu mente, y puedes hacerlas realizar como profecías tuyas. Medita sobre el tópico de merecer una vida feliz y estable.

LA MONTAÑA COMO PUNTO DE COMIENZO

Tu espíritu se siente fuerte, estable, y satisfecho. Sientes que tu vida ha valido la pena. Quieres dejar un legado de sabiduría a aquellos a quien amas. Pero no pienses que ya has terminado. Aún hay fuego dentro de ti. Aún hay bastante que puedas gozar, así que recuérdate que este es únicamente una pausa y un punto de revisión, antes de continuar con la siguiente aventura.

EL SOL COMO UN PUNTO DE COMIENZO

Te enfocas en el resultado. A pesar de la etapa de tu camino en que estas, tú quieres saber qué es lo que la olla al fin del arcoíris tiene para ti.

¿Ahora hazte la pregunta si pusiste color al amanecer o, al atardecer? Si pusiste color al amanecer, eres confiado y positivo, un optimista. Estas listo para enfrentar al mundo y alcanzar tu meta.

Si pusiste color al atardecer, te sientes cansado y necesitas hacer una pausa antes de continuar adelante. Sientes que estas llegando al fin de la jornada pero no estás seguro que tienes lo que se necesita para llegar a la línea final. Recuerda que la agenda de la vida nos permite todas las vueltas y entrelazos y pausas que tomemos. Así, que no le des un sentido de urgencia a lo que estas sintiendo. Hay suficiente tiempo para el resto que te falta y vas a lograr llegar a la "tierra prometida" con suficiente tiempo para gozarla.

ÚNICAMENTE UN SOLO COLOR EN EL DIBUJO ENTERO

Tu Yo-interior te está diciendo que este aspecto principal- conforme está representado por el color – se encuentra entre tú y la vida que buscas. Estabilidad, madurez, paz, y educación están al otro lado de esta lección mayor que necesitas aprender.

El color que escojas te dice que es esta lección mayor,

Rojo	Tus emociones no te permiten ver con claridad. Tal vez ya has alcanzado lo que buscas, pero no lo ves a causa de que tienes mucha emoción en el camino. Como un ejercicio cotidiano, sigue la acción sugerida. Además, es tiempo de que aprendas técnicas de cómo manejar tus emociones. Esto puede ser, hablando con un consejero, uniéndote a un grupo de apoyo o, tomando clases de meditación, Thai Chi, o yoga. El objetivo es estar capacitado para calmarte lo suficiente para poder ver más allá de tus emociones inmediatas. **Acción sugerida**: Da a tu cuerpo una manera de expresar las emociones acumuladas. Sal a caminar, haz alguna clase de ejercicio, canta opera, o toma una hoja de

papel en blanco y llénala con rayones fuertes de color rojo. Ahora que esta energía ha sido ventilada, siéntate en posición relajada, cierra los ojos. Toma una aspiración lenta y profunda y sostenla por unos segundos, luego exhala lentamente. Repite el ejercicio dos veces más. Respirando normalmente, continúa en tu posición relajada con tus ojos cerrados. Con el ojo de tu mente vete a ti mismo sentado y rodeado(a) de una niebla blanca y fresca. Siente que sana tu dolor. Con cada aspiración, exhala en esta refrescante niebla blanca que te trae sanidad. Con cada exhalación, respira lo que queda de esta energía roja. Después de algunas exhalaciones vas a notar que el rojo que estas exhalando cada vez más se desvanece hasta que se convierte en color rosa. Agradece a tu Yo-interior por comunicarse contigo y obrar en ti regresándote un estado balanceado. Cuenta hasta tres y abre los ojos. Toma una respiración profunda. Has terminado con el ejercicio.

Azul

La lección que estas enfrentado, es saber a quién incluir en tu vida. Tal vez tengas "gente pegajosa". Esta es gente que has tenido en tu vida por no saber cómo deshacerte de ellos. Esta gente es como sanguijuelas. Ellas te quitan la energía espiritual y te dejan muy cansado para continuar en tu sendero. Analiza tu círculo de amistades. Familia y gente de negocios con los que te asocias. Tú sabes cuales no necesitas o deseas en tu vida. Haz un plan de cómo terminar estas relaciones de una forma pacífica y amorosa. Es tiempo para decir adiós pacíficamente.

Verde

Tú tienes preocupación por tu salud o tu cuerpo físico. Si el sombreado de verde es verde amarillento, entonces estas preocupado por una enfermedad o temeroso de enfermarte. Si el sombreado de verde, es un verde obscuro, estas muy preocupado en tu cuerpo físico al punto de excluir otros aspectos de tu vida. Esto sucede algunas veces, cuando la gente se obsesiona con su cuerpo y se hace adicto al ejercicio o a las dietas. Esencialmente tu estrés viene de que tu cuerpo no es lo que tú quieres que sea y has fracasado a causa de tu cuerpo. Otra manera de ver y pensar sobre esto, es que te estas deteniendo de alcanzar la vida estable que deseas. Te estas deteniendo de avanzar por temor a quedar atorado o ser aburrido. Tienes temor de las consecuencias físicas al cambiar tu vida. Estas olvidando que tú eres el que está en control de esta vida nueva que quieres que sea. Teniendo estabilidad, madurez, y nutrición en tu vida, no es necesario excluir excitación, actividades o diversión.

Plata

Estas preocupado que al alcanzar esta vida estable y nutrida vas a tener problemas de finanzas. Tal vez es tiempo de hacer planes financieros para que tengas una idea mejor de lo que necesitas hacer para sean mínimas las incertidumbres. En la vida que buscas, no es necesario excluir los aspectos de tu vida que estas gozando. Puedes tener una vida estable y nutrida y a la vez tener una carrera que te de las entradas que quieres recibir y gozar. Tienes que planear mas cual es la vida que buscas. Piensa en los detalles. Piensa en que es lo que verdaderamente necesitas, no asumas que lo que hoy en día tienes, debe de permanecer lo mismo. Está en tus manos el diseñar esta vida nueva.

ACCIONES SUGERIDAS EN GENERAL

Como una manera de comenzar, dándole la bien venida a la vida que buscas, repite el ejercicio. Esta vez pon color con un propósito. Pinta el dibujo de la manera que te gustaría verlo. Hazlo lo más hermoso que puedas. Pon el color de tal manera que te agrade cuando lo veas. El mirarlo te debe de hacerte sentir agradable, en paz y feliz. Tal vez necesites hacerlo varias veces, pero continua trabajando hasta que lo logres ver cómo quieres que se vea. Combina bien los colores hasta que logres obtener los efectos emocionales deseados cuando veas el cuadro. Enseguida pon el dibujo en un marco y colócalo en donde lo puedas ver cada día. Cuando te sientas frustrado, o con mucho estrés con la vida, mira tú cuadro. Deja que calme tus preocupaciones. Deja que te recuerde hacia donde estás trabajando.

SECCIONES Y COLORES

El Rio El color que usaste en el rio, habla de lo que necesitas limpiar en tu vida. Esto es lo que te está deteniendo. Al limpiar este aspecto de tu vida, tu puedes cambiar el rio, en algo refrescante, calmante y fuente de energía.

Rojo	Necesitas limpiar tus emociones. Tienes bastante enojo, dolor o frustración. Sigue los ejercicios para dejar ir la energía roja. Sigue este ejercicio cada mañana y cada tarde para que traigas este aspecto de ti mismo en balance en lo que quieres que tu vida sea.
Anaranjado	Necesitas limpiar tu actitud acerca del nivel de sobrevivencia y aspecto físico de tu vida. Tu energía está un poco derramada. No terminas los proyectos que has puesto para ti. Te mantienes muy ocupado, pero no siempre es el tipo de estar ocupado, que es bueno o que necesitas. **Acción sugerida**: Planea y ejecuta los proyectos que son buenos para hacer un ambiente saludable, hermoso y de más valor. Este es el tiempo de reparar tu casa, trabajar en el jardín, limpiar tus closets. Este es el tiempo para dejar de preocuparte por tu nivel de sobrevivencia y hacer algo para salir adelante. Comienza a hacer de lo que te rodea, algo más placentero para vivir.
Amarillo	Necesitas detener "esta parálisis de analizar". Es bueno analizar y ser lógico en lo que se refiere a negocios y a los aspectos financieros de tu vida. Pero abusas de esta práctica. Analizas todo en tu vida hasta llegar al punto de desviarte en detalles que no tienen sentido. Aprende a traer inteligencia e intuición en balance. Toma una clase de meditación, tai chi o yoga. Toma una clase de arte. Abre tu centro creativo para que puedas ver lo que este aspecto de ti mismo te puede ofrecer en tu vida.

Verde	Necesitas limpiar tu cuerpo. Hay hábitos que están dañando tu cuerpo y oportunidades de una vida mejor. Es tiempo de dejar de usar drogas, dejar de fumar, o dejar de tomar. Mira profundamente a tus hábitos y desarrolla un plan de ataque. Obtén ayuda. Tu cuerpo necesita ser limpiado.
Azul	Es tiempo de limpiar tus relaciones. Este es el tiempo de dejar ir las relaciones que no están en armonía con los que estas o quieres estar. Estas relaciones te están dañando.
Purpura	Este es el tiempo para limpiar tus creencias espirituales. Esto quiere decir que posiblemente heredaste tu sistema de creencias y tienes creencias que sigues por habito, pero no porque realmente creas en ellas. Piensa en tu naturaleza espiritual y toma tus creencias espirituales seriamente. ¿Estas practicando tus rituales automáticamente? Está consciente de lo que crees, y que significa el creer de acuerdo a tus éticas y conducta.
Plata	Tu apego al dinero, necesita ser aclarado. El estar tan concentrado en el dinero está afectando otro aspecto de tu vida. Tráelo a estar en balance. Hecha una mirada a lo que te está costando el estar muy apegado al dinero. Acaso quieres sacrificar otros aspectos de tu vida por el dinero.
Café	El ser estricto a una disciplina en particular, te está deteniendo para que puedas alcanzar un estado de felicidad. Acaso eres tan estricto que no permites divertirte y gozar de la vida ¿O te hace falta disciplina al grado que no haces las cosas a tiempo? Cualquier extremo puede interferir con la vida estable, feliz y de crecimiento que buscas.

Centellar Este es uno de los pocos diagramas, en donde yo veo centellas que aparecen. Si pusiste centellas en el rio, esto dice que necesitas volver a la realidad. Las expectaciones de la vida que buscas no son realistas. Has confundido tus sueños con tus metas. Mira lo que estás buscando y está seguro(a) de que lo que quieres no es solamente una fantasía.

Al Pie De La Montaña Esta área del dibujo habla del valle en el que te encuentras actualmente en tu vida. Tienes anticipación o expectativa de una "prueba espiritual" o, un reto que viene que te va a hacer merecedor de la vida que buscas. La pregunta que debes hacerte es "?sin este reto o prueba, puedo aun sentirme merecedor de la vida que quiero?" Esto es muy importante. Porque puedes estar más cerca de lo que piensas para alcanzar tu meta. Pero si es un reto lo que quieres, tú lo vas a crear, para sentirte merecedor.

Rojo	Estas trabajando para hacer crecer tu pasión por tu meta. Te estas preparando emocionalmente para enfrentar lo que viene, listo para aceptar la recompensa. Ten precaución de no hacer de esta preparación para la batalla algo exagerada, para que cuando alcances tu meta no vaya a ser imprudente. Concéntrate más en lo que quieres alcanzar y no tanto en que difícil será lograrlo.

Anaranjado	Sientes que en actualidad, únicamente estas atendiendo las cosas día a día, mientras espera la oportunidad de oro. Estas seguro que la oportunidad te viene, o, es al revés. Necesitas ser más activo para alcanzar tu meta, o, vas a esperar por largo tiempo conforme la vida va pasando. Toma control y crea estas oportunidades por ti mismo. ¿Qué es lo que esperas?
Amarillo	Sientes que es mucho lo que quieres y necesitas aprender. Antes de tener una oportunidad de alcanzar tu vida ideal. Veamos esto desde una diferente perspectiva. Nunca dejamos de aprender. Porque el alcanzar tu vida ideal, es diferente de las metas que has alcanzado en tu vida. Haz un plan para ti mismo acerca de que es lo que necesitas para prepararte para esta vida nueva. Conforme vas aprendiendo, ten cuidado de que tu vida no necesita esperar hasta que termines con tu aprendizaje. El aprender y vivir bien no son mutuamente exclusivos.
Verde	Estas esperando tener mejor salud, o estar en mejor condición, antes de alcanzar tu vida nueva. Nuevamente puedes alcanzar las dos simultáneamente. No importa cuál de las dos es primero. Desarrolla un plan para obtener mejor salud y al mismo tiempo establece la meta para una vida nueva. Puedes trabajar para alcanzar las dos juntas. ¿O, pregúntate si estas usando tu salud, como una excusa para no ser feliz? Tal vez hay algo más profundo a lo que necesitas poner atención.
Azul	Tienes dificultad, diciendo adiós a aquellos que sientes que no van a ser parte de tu vida nueva. Has hecho tu progreso más lento, a causa de que quieres disfrutar estas amistades por un poco de tiempo más. Mi pregunta es "?porque sientes que esta gente no puede ser parte de tu nueva vida?" ¿Acaso es porque esta vida nueva, tendrá nuevo comportamiento, o, nuevos hábitos o, nuevo estilo de vida? ¿Porque te atemoriza dejar a esta gente? Tal vez lo que ellos te ofrecen es lo que tú buscas pero no lo realizas. O, eres adicto a sonar y el hacer esta vida nueva una realidad te dejaría sin sueños. Necesitas tener un dialogo interno acerca de porque no has seguido hacia adelante.
Purpura	Este es un color que veo a menudo en el valle. La razón es que mucha gente espiritual, tienen la idea equivocada de que es necesario sufrir, que no deberían tener una vida mejor porque no es espiritual el hacerlo. Si crees que tu espiritualidad te ha dado el poder de manifestar, Entonces estas desperdiciando el esfuerzo. Todo está ahí para pedirlo, únicamente necesitas creer que lo mereces. En algún lugar creíste que el ser espiritual significa ser pobre y maltratado. Es tiempo de que revises tus creencias espirituales y ver si has mal entendido o has hecho asunción equivocada.

Montaña Esta área del dibujo habla acerca de alcanzar tus metas. La montaña habla de fuerza, estabilidad y de ser eterna. No veo mucha variación de colores en esta área. Pero los que veo, hacen exposiciones fuertes.

Verde	La promesa que te has hecho desde hace mucho, es permanecer saludable, disfrutar de la vida lo mejor que puedas. Quieres experimentar la vida, no únicamente leer acerca de ella o simplemente hablar acercar de ella. Quieres estar activo y al aire libre. Tus sentidos tienen hambre de la vida.
Purpura	La promesa que te has hecho desde hace mucho tiempo, es permanecer firme y fuerte en tus creencias espirituales. Quieres ser bueno, Quieres ayudar a los demás, quieres vivir arriba de lo mundano. No quieres preocuparte por el nivel de sobrevivencia, sino al contrario quieres enfocarte en cosas más elevadas.
Plata	Estas buscando la buena vida, quieres tener una vida de riquezas y confortable. Piensas que el dinero puede hacer la diferencia de cómo gozas de la vida.
Café	Piensa que vas a alcanzar tu vida ideal, pero se va a necesitar tener mucha disciplina para permanecer ahí. Ya estás pensando en las rutinas que vas a tener y que estricto necesitas ser contigo y con los que te rodean.

El Sol Esta área habla de la ayuda que estas recibiendo del universo, tus guías, tus consejeros, o, el yo más elevado.

Rojo	Te sientes frustrado porque no siempre puedes oír la voz interior. Quieres ser guiado en tu vida en una manera más visible. Sientes que tienes que encontrar muchas cosas tratando y equivocando. Tal vez una clase de meditación o de yoga te pueda ayudar a abrir tu voz interior un poco más. O, tal vez tu soporte espiritual tiene un grupo al que te puedas unir. Necesitas continuar buscando esa voz interior, pero mientras tanto está consciente de que no has hecho nada malo a propósito. No desmayes.
Anaranjado	Sientes que tu vida está basada en acción/reacción. No estas convencido de que existe alguien o algo guiándote.
Amarillo	Sientes que tu inteligencia y tu información son tus guías. La lógica contestara todas tus preguntas. Si solamente aplicas tu mente, vas a adquirir lo que buscas.
Verde	Sientes que la fuerza bruta es la forma de llegar a donde quieres ir. Estas muy enfocado en lo físico.
Azul	Sientes que eres guiado por la gente que está en tu vida. Quieres lograr todo con todos o, nada. No quieres estar solo y prefieres una vida inferior con muchos amigos, a una vida lujosa solo.
Rosa	Tu guía, siempre ha sido el amor; Amor para ti y para otros. Mientras tengas amor, todo estará en su lugar.
Purpura	Tu religión o tus creencias son los que te guían paso a paso en el camino.

Plata   Tú vas hacia donde el dinero esta. Sientes que puedes comprar cualquier cosa que quieras o necesites. Así que tu guía es el dinero.

Blanco   Dejando el sol en blanco, significa que no le has dado mucha importancia a quien o que te guía. Siempre únicamente haces y sabes sin preocuparte de donde viene o a donde va.

La Luz De La Vela

Trabajando Sobre Claridad, Purificación, Verdad

Si has escogido este diagrama para hacer tu ejercicio, entonces tu Yo-interior está diciendo que te es necesario explorar tu relación con sabiduría infinita. Estas listo(a) para ir mas allá de lo mundano e ir a un estado espiritual más alto.

El simbolismo de este diagrama, es que cada uno de nosotros, tiene una base de la cual comenzar. Y cada uno de nosotros tiene el deseo de explorar verdades más elevadas y más claridad en nuestras vidas, el propósito y dirección.

Lee completamente la interpretación que sigue para que explores lo que tu dibujo está diciendo.

ÚNICAMENTE UN COLOR EN TODO EL DIBUJO

Esto a menudo indica que tienes dificultades en diferenciar entre lo que es básico y lo que es espiritual. Para ti todo es bueno, o, es malo. Permites que un evento o aspecto de tu vida decida todo. Si tienes una mañana en que todo va mal, entonces el resto de tu día va a sufrir. Lo misma pasa con tu relaciones, si algo va mal te toma mucho tiempo en perdonar. Básicamente en el diagrama, no importa cuál es el color en toda la página, porque cambia conforme tus emociones cambian. Lo que necesitas es cambiar tu actitud acerca de cómo permites que algo que pasa tome control de todo. Necesitas segmentar tu vida un poco más. ¿Si tu jefe te grita, no es culpa de tus hijos, entonces porque les afecta? ¿Si tu relaciones románticas terminan, porque pones a todas tus relaciones en sospecha? Por supuesto no todas las relaciones llegan a este extremo.

Si has pintado todo el dibujo de un solo color, entonces la acción sugerida tiene que ver con aprender a poner límites en varios aspectos de tu vida, amigos, familia y naturaleza espiritual.

ACCIÓN GENERAL SUGERIDA

Este ejercicio es para hacer la afirmación de que tu vida tiene muchos aspectos que funcionan independientemente. El camino hacia una vida saludable y más feliz, está en balancear los varios aspectos de tu vida. Repite el ejercicio, siguiendo el patrón descrito aquí para hacer tu dibujo.

86

Pon color a la base de la vela con franjas de rosa, azul, y purpura, comenzando desde abajo hacia arriba. Deja que los colores se toquen pero cuida de que no se encimen. Pero si tienes dificultad de que no se encimen, deja un pequeño espacio entre los colores. Las flamas de las velas deben llevar color mezclado de amarillo, anaranjado y rojo. Continúa repitiendo el ejercicio hasta que sientas complacido de cómo quedo el dibujo. Pon el dibujo en un lugar en donde puedas verlo seguido. Cuando tengas un incidente o evento que te ponga de mal humor, toma el dibujo y obsérvalo por unos minutos. Al paso de unos cuantos días, vas notar que recuperándote de estos incidentes se toma menos tiempo. Continua trabajando sobre este asunto, hasta que sientas que estas situaciones no tienen control sobre tu vida.

SECCIONES Y COLORES

Hay dos secciones principales en este diagrama. La base significa las partes de ti mismo que hacen tu fundamento. Las tres flamas son la principal sección para interpretar, Estas flamas significan la verdad que buscas, o, el estado puro que estas tratando de alcanzar, y tu camino hacia la iluminación.

Base A menudo veo esta sección de la base pintada de muchos colores. Por lo tanto, cuando haces la interpretación de la base, debes de combinar la interpretación de todos los colores que usaste.

Blanco	Si dejaste la base en blanco. Significa que has dejado atrás tu pasado y te has enfocado en tu iluminación. Lo que ha pasado, ha pasado y ya no quieres vivir la vida que has tenido; quieres enfocarte en tu última meta.
Rojo	Rojo en la base, quiere decir que sientes que tu fortaleza emocional te ha dado el nivel correcto de tu pasión por la vida; esto te ha traído hasta este puntos donde estas. Has estado trabajando en mantener tus emociones limpias y puras. Ya no te sientes avergonzado de ensenar tus emociones porque ellas son parte de quien eres.
Anaranjado	Sientes que antes de que puedas adquirir iluminación, necesitas probar que puedes sobrevivir en el mundo. Tomas tu habilidad de mantenerte en el nivel de sobrevivencia como tu derecho a seguir adelante. Eres una persona de acción y una persona que busca iluminación en ritos y pruebas. No eres uno de esos que se sientan en la punta de una montaña con las piernas cruzadas por veinte años. Tú sientes que estás haciendo algo para llegar allí.
Amarillo	Tú eres un pensador. Quieres que tu iluminación haga sentido y sea lógico. No niegas tu yo espiritual. Pero quieres comprobar que existe en términos lógicos. Es un ejercicio continuo para ti, el conservar el intelecto y la intuición en balance y trabajando juntos en busca de la verdad.

Verde	Tú crees que tu cuerpo es un templo. Y para obtener pureza e iluminación es necesario tener un cuerpo puro y limpio. Vivir limpiamente es una parte importante de tu camino a la iluminación.
Azul	Tener el grupo de apoyo correcto te es importante. Tú crees en tener un líder espiritual y hermanos y hermanas espirituales. El aspecto de gentes en tu vida espiritual es importante para ti. Crees que para alcanzar iluminación, no necesitas sacrificar a tus amistades.
Purpura	La iluminación, no es solamente una meta en tu vida, es tu vocación. Estas trabajando para ser un líder espiritual.
Café	Tú crees que el camino espiritual requiere de disciplina. Eres estricto contigo mismo porque necesitas que la estructura sea parte de tu camino.
Negro	El camino espiritual aún mantiene algunos misterios para ti. No estás seguro de que es iluminación, pero la quieres buscar.

Flamas Tal vez las encuentres más interesantes que la base. Normalmente veo las tres flamas del mismo color. Puede ser que esto sea, porque muchos sienten que buscar iluminación es una meta circundada y no necesita ser separada. Sin embargo, si usaste diferentes colores para cada flama, entonces esto significa que has hecho un mapa de tu camino hacia la iluminación y has puesto escalones, y estos son los escalones en que estas trabajando.

Blanco	Si dejaste las tres flamas en blanco, entonces no quieres tener una idea preconcebida de lo que es la iluminación. O, no te sientes digno de definir qué es lo que será la iluminación. Por lo tanto quieres tratar el sendero hacia la iluminación con una mente abierta y sin preconcepciones. Si dejaste una o dos flamas en blanco, tu definición de iluminación es muy clara y estrecha. No quieres distraerte yendo por muchas cosas al mismo tiempo. Tu enfoque está claro.
Rojo	Para ti, la iluminación va a traer una pasión por algo que tu sientes te hace falta. Quieres tener una causa en tu vida y esto es lo que te va a traer iluminación.
Anaranjado	Tu iluminación va a traer un cambio en tu vida, tal como un nuevo trabajo o un cambio de residencia. Este cambio es mayor y trae diferente nivel de sobrevivencia.
Amarillo	Tu iluminación va a traer contestación a muchas preguntas. Algunos buscan iluminación deseando paz. Pero tú por otro lado, Buscas iluminación porque estas sediento de sabiduría.
Verde	Quieres alivio de los dolores y sufrimiento de tu cuerpo físico. Te sientes limitado por tu cuerpo. Estas buscando maneras de aceptar tu cuerpo o, trabajar alrededor de las limitaciones que sientes existen.

Azul   Las flamas azules hablan acerca de desear unirse con los demás. En muchos casos esto significa, unirse con los seres queridos que han muerto. Sientes que la iluminación te va atraer la habilidad de poder ver los espíritus de los seres amados.

Purpura   La iluminación, no es únicamente una meta en tu vida, sino tu llamamiento. Estas trabajando para ser un líder espiritual. Iluminación para ti, significa el estar capacitado para compartir la verdad que has aprendido.

ACCIÓN GENERAL SUGERIDA

Algunos han encontrado este ejercicio útil para alcanzar un estado más elevado de sabiduría. El simbolismo de este ejercicio, es abrir la puerta para acelerar tu camino hacia la iluminación. Repite el ejercicio, pero esta vez comienza con una flama más grande. Escoge el color que te complazca al enfocarte en la meta de iluminación. Ahora pon color a la flama más grande y pinta más allá de las líneas para hacer de la flama el centro de la vela. Esta flama, ahora debe de ir desde el centro de la base de la vela hacia la punta de la vela. Si sientes la necesidad de poner color al resto del diagrama, hazlo. Esta seguro(a) que la parte principal del dibujo es esta inmensa flama, que ahora se ha sobrepuesto como el centro del diagrama. El mensaje a tu Yo-interior, es lo que quieres sacar desde tu base y abrir la puerta hacia la iluminación. Después de que termines con este ejercicio, siéntate a meditar por lo menos 15 minutos. Esto le da a tu Yo-interior, tiempo para digerir el mensaje y comenzar a actuar en él. Mucha gente me ha dicho, que después de hacer este ejercicio, han experimentado sueños con mucho significado por varios días, prepárate manteniendo una libreta para escribir tus sueños cerca de ti.

Mujer En La Flor Loto

Balanceando El Poder, Salud, Belleza

Si has escogido este diagrama para tu ejercicio, este dice que de una manera o la otra, que ya estás en el camino a la iluminación. Estas trabajando en los detalles y afinando tu ser espiritual. Está consciente de lo que necesitas hacer para conectar con sabiduría infinita. Lo que buscas es encontrar ayuda adicional para poder trabajar.

El que seas hombre o mujer no hace ninguna diferencia del significado de escoger este diagrama. Estas buscando un balance entre tu yo-interior y tu expresión externa. Quieres vivir en un estado de iluminación, pero también quieres vivir en este mundo. Tiendes a estar entre los dos estados de consciencia. Tu trabajo constante, es estar firme en tu fundamento.

SOLAMENTE UN COLOR EN TODO EL DIBUJO

Este diagrama es muy interesante, cuando se ha usado un solo color. La razón que veo comúnmente, es que se ha usado el mismo color, pero en diferentes sombreados, rayones y fuerza del mismo color. Esto dice, que hay un aspecto de ti mismo, que te hace sentirte fuera de balance y estas tratando de regresar el balance con el resto de tu energía. Esto puede ser una lección específica en la que estás trabajando. O, puede ser que los retos que la vida te ha presentado, están activando un aspecto particular de ti mismo; lo que quiere decir que aún hay botones que necesitan ser apretados.

El color que escojas, te dice cuál es el aspecto que esta fuera de balance.

Rojo   Has encontrado algo que sientes injusto o falso. "? Como puede pasar esto ?". Necesitas echar un paso hacia atrás y ver más allá de las emociones que han despertado esta situación. Hay una razón para que esto haya pasado, y esta es una oportunidad para aprender una lección, o, para liquidar un karma. Mira la situación desde todos los ángulos, pero siempre con amor y consciencia espiritual como el objetivo. **Acción sugerida:** Da a tu cuerpo una manera de expresar esta energía acumulada. Sal a caminar, Haz ejercicio, canta opera, o toma una hoja de papel en blanco y llénala con rayones fuertes de color rojo. Luego de que esta energía ha sido ventilada, siéntate en una posición relajada con los ojos cerrados. Toma una aspiración profunda, mantenla por unos cuantos segundos y después exhala lentamente. Repite el ejercicio dos veces más. Respirando normalmente, continúa sentado en tu posición relajada con los ojos cerrados. En el ojo de tu mente, vete a ti mismo sentado y rodeado por una neblina blanca y fresca. Siente como te refresca y te calma. Siente como alivia tu dolor. Con cada aspiración, respira, hecha fuera la energía roja que queda. Después de unas respiraciones, vas a notar que el rojo que estas exhalando es más tenue cada vez, hasta que sea más de color rosa. Agradece a tu yo-interior por comunicarse y trabajar contigo, para regresar un estado balanceado. Cuenta hasta tres, abre tus ojos. Toma una respiración profunda. Has terminado con el ejercicio.

Azul

Tú sientes que tu llamamiento de compartir tus verdades, te ha causado situaciones confusas con otras gentes. Estas encontrado rechazo de otras personas, o que no están tomando tu información seriamente como a ti te gustaría. Haz una observación. ¿Estás haciendo de tu verdad una verdad universal? ¿Has cruzado la línea entre iluminación y fanatismo acerca de tu verdad? Tal vez no está en ti el evangelizar. Pregúntate si te gustaría, que otros te presentaran en la forma que tu estas presentando a los demás. Tal vez tu forma de presentar necesita un refinamiento. O, tal vez necesitas guiar con tu ejemplo en lugar de palabras.

Purpura

Este color, también habla de la necesidad de "predicar la palabra" que opaca otros importantes aspectos de tu vida espiritual. Recuerda que algunas veces cuando estamos en negación acerca de algo que tenemos que corregir en nosotros. Nos enfocamos en los problemas y faltas en los demás. Toma un descanso de trabajar con los demás y preocúpate de ti mismo por un poco de tiempo.

Centellear

El tener centellas en este dibujo, usualmente significa que tienes dificultad en permanecer firme. Necesitas hacer una caminata en la naturaleza. O, si está muy lejos el ir a caminar, entonces ve a un parque zoológico, o, a un jardín. Necesitas estar en contacto con la naturaleza para permanecer firme. Pon en tus manos un pedazo de madera, una piedra, flores, para poder permanecer firme.

ACCIÓN SUGERIDA EN GENERAL

Necesitas traer el balance, repitiendo el ejercicio, pero esta vez haz el esfuerzo de usar diferentes colores. Trabaja en tener los colores coordinados, esto trae harmonía. Trata de usar la misma fuerza en los colores variados, esto trae balance. Haz el esfuerzo de hacer de todo esto un cuadro hermoso; esto obra en tu belleza interna y externa . Escoge tu color favorito y obscurece el contorno en cada detalle del dibujo; esto obra en fuerza y definición. Luego toma un color dorado y ligeramente llena el fondo del dibujo; esto obra en coger el poder del universo.

SECCIONES Y COLORES

Antes de que comiences a interpretar los colores, analiza el punto de comienzo de tu dibujo. Si trabajaste desde afuera hacia adentro, tu concentración espiritual esta en recibir tu fortaleza y poder del origen más elevado. Si comenzaste desde adentro hacia afuera, estás trabajando en poner balance a tus energías y en encontrar tu propio poder. Si primero pusiste color a las chacras de la mujer, estas más concentrado en desarrollar tu belleza interna. Si primero pusiste color en el cuerpo de la mujer, estas más concentrado(a) en desarrollar tu belleza externa. Para comprender cuales son los aspectos o energías en las que estás trabajando para llegar a estas metas personales, combina las interpretaciones provistas, basadas en los colores que aplicaste a cada una de las secciones.

Pétalos Del Lotus Los pétalos de la flor de loto, significan la expresión de tu poder y belleza. Como has escogido expresar este poder y cuál es el origen del poder, son expresados por medio de los pétalos.

Blanco	Esto en algunas ocasiones significa que no estás listo para demostrar tu poder. Aun estas inseguro o, tal vez temeroso de tu propio poder. Estas siendo cauteloso de que rápido y cuanto progreso has alcanzado, antes de demostrar tu poder.
Rojo	Esto indica que tu poder tiende a ser recibido por la gente como unas emociones fuertes.
	Posiblemente no estas consciente de que estas usando tus emociones para expresar tu poder. Esto algunas veces se interpreta como una naturaleza agresiva, o una personalidad turbulenta. Aun cuando lo que estas expresando sea positivo, probablemente no sea tomado como positivo, debido al estilo presentado. Se sugiere que pulas tu expresión externa para que tengas mejor oportunidad de ser escuchado. Parece que estas gritando tu poder, cuando lo que necesitas es hablar quedo. **Acción sugerida**: Repite el ejercicio y conscientemente agrega un color balanceado para asegurar que tu poder viene de un lugar positivo. El color balanceado puede estar en los pétalos o, en el centro de la flor loto.
Anaranjado	Tiendes a expresar tu poder en tu propio estilo de vida. Te gusta tener cosas extravagantes. Carros lujosos y casas grandes. Tú sabes cómo manifestar tu poder. Eres generoso y ayudador. También eres un poco extravagante. Aquellos que no te conocen, creen que para ti, todo es acerca de dinero y que sin el dinero no tendrías ningún poder. Pero para aquellos que te conocen, hay en ti algo mucho más profundo que la expresión superficial.

Amarillo	La forma de expresar tu poder es por medio de compartir información. Te gusta enseñar e impresionar a los demás con lo que sabes. Otros piensan de ti, como un ser muy inteligente y con conocimiento en muchas áreas.
Verde	Expresas tu balance por medio de tu cuerpo físico. Te gusta verte bien y estar en buenas condiciones físicas. Para ti, belleza, salud y fortaleza, están interconectados. Trabajas duro, para estar saludable, fuerte y atractivo.
Azul	Gozas, demostrando tus poderes, siendo el que "Busca a las personas" Te agrada que la gente venga a pedir tu ayuda. Eres el tipo de personalidad de cuidador de los demás. Algunas veces esto puede ir fuera de balance, y comenzar y disfrutar relaciones que dependan de ti. Estas relaciones, quitan tu energía y te pueden poner en una espiral hacia abajo. **Acción sugerida**: Repite el ejercicio, pero esta vez asegúrate de que el azul está dentro de los pétalos. Si sientes resistencia al hacer esto, entonces coge un color verde o dorado y traza sobre las líneas del círculo central de la flor, la flama y el cuerpo de la mujer. Esto manda un mensaje a tu Yo-interior de que las líneas del dibujo están hechas teniendo en mente la salud espiritual.
Purpura	Tú poder está completamente basado en tu naturaleza espiritual, creencias y dedicación. Este es un recurso sin fin. Este es un recurso que demanda concentración continua de ti. Meditación diaria, limpieza y entrega espiritual para continuar este poder fuerte y puro. Cuando puedas mantener todos tu pétalos de un color azul fuerte, estas transcendiendo al punto de poder obrar milagros.
Oro	Tu poder está basado completamente en tu naturaleza espiritual, creencias y dedicación. Este es un recurso sin fin. La deferencia entre oro y purpura es que oro indica que tu estas en una misión específica. Tienes un llamado o responsabilidad espiritual en la cual estas trabajando. Meditación cotidiana, limpieza y entrega espiritual, mantendrán este poder fuerte y puro.

Centro De La Flor Esta sección habla de los filtros en que pones pensamientos, acciones y expresiones, antes de que hagan manifestación externa. Este es un filtro de doble dirección, por lo tanto el mismo filtro se usa en lo que oyes, ves y sientes.

Blanco	Es muy común para mí, el ver el centro de la flor de Lotusen blanco. A menudo esto indica que no existe nada que interfiera entre la expresión exterior y la expresión interior. Esta es una muestra de honestidad espiritual. Está seguro de combinar esta interpretación con lo que pasa en la sección de la flama. Las dos deben estar en sincronización la una con la otra.
Rojo	Para ti, iluminación, trae pasión para hacer todo correcto. Tener el valor de mirar al mundo y tener una opinión de lo que es aceptable y lo que no. La precaución aquí, es recordar, que nada es únicamente una cosa- todo bueno

o todo malo. Ten cuidado de ver todos los lados, antes de actuar o de tomar una posición. En otras palabras, cuida de no poner rojo fuera de balance al ser fanático.

Anaranjado   El balance que estas logrando ha comenzado a tener un impacto en tu nivel de sobrevivencia. Esto normalmente significa que un ajuste en tu carrera o tipo de trabajo que haces se ajuste. O, un ajuste en la vida de tu hogar o lugar de residencia. Algunas veces el ajuste no es agradable, pero, ten en cuenta que es un pasaje para algo mejor. Has pedido a tu yo- interior que traiga. Belleza, salud y poder en balance. Los cambios que estas experimentando están actuando a tu petición.

Amarillo   Esto indica que estas balanceando tu intelecto y tu intuición. Algunas veces esto indica también que pones tus sentidos espirituales en un filtro antes de compartirlos con el mundo. Eres espiritual, pero tienes cuidado de presentarte como inteligente y firme.

Azul   El trabajo que estás haciendo en ti, está concentrado en tu propio poder, salud y belleza. Sin embargo hay un aspecto de gentes en tu vida, y siempre los tomas en cuenta al hacer decisiones y planes. Tenerlos en consideración es un buen balance. Mantén cuidado de no permitir que estas gentes, controlen tu poder y tus decisiones.

Purpura   Esto indica que tu poder reside en tus creencias espirituales. También actúa como un filtro. Todo lo que piensas, haces y espesas pasa a través de este filtro espiritual.

Flama Alrededor De La Mujer La flama es la base de tu poder. Esta generada por ti. Aun cuando algunas veces es aumentada y reciclada por factores externos. Es importante el ver si pusiste color en todo hacia la línea de la flama, te paraste antes o te pasaste. El tamaño de la flama, habla de la cantidad de poder así como tu comodidad en el nivel. Algunas veces, veo una flama poderosa, pero está muy compacta. Esto me indica que la persona, no está aún confortable con su poder, por lo tanto lo encierra y lo hace compacto, pero hay personas que su flama no está fuerte de color, pero que se extiende hacia afuera hasta el punto de verse difusa- puesta más allá de sus límites normales. Esto me dice que la persona quiere que otros vean quienes son y que poderosos sean. A menudo esta gente cree que tienen más poder del que en realidad tienen. También esta gente tiende a usar su poder frívolamente, porque están más interesados en demostrarlo que usarlo y aplicarlo con propósitos específicos. Por lo tanto, parte de este ejercicio, debe ser checar tu zona de comodidad.

Blanco   Esto es de preocupación, al decir que sientes que no tienes ningún poder. Estas severamente fuera de balance.. Tal vez te encuentras muy cansado, confundido y frustrado. Te sientes abrumado con tu trabajo y con tu vida. La buena noticia, es que todos tenemos poder. En realidad, no has aprendido como usar este poder. **Acción sugerida**: Coge el dibujo que has hecho y agrega color amarillo o dorado a la flama. Haz la flama pequeña o tan grande según te sientas confortable. El mensaje a tu yo-interior, es que quieres aprender a reconocer y usar tu poder. Otra sugestión es; Repetir el dibujo con los colores que quieres, basados en su significado y colocarlo en done tú puedas verlo cada día. Esto va a dar a tu yo-interior la dirección al balance que estas tratando de alcanzar.

Rojo	Tu poder es activado por la emoción si las emociones son positivas, este es un buen origen de energía. Sin embargo, Si tu poder es activado por enojo, necesitas tener cuidado, porque vas a tener dificultad controlándolo y eventualmente perderlo. **Acción sugerida**: Repite el ejercicio y conscientemente agrega un color balanceado para asegurar que tu poder viene de un lugar positivo. El color balanceado puede estar en los pétalos o, en el centro de la flor loto.
Anaranjado	Estas buscando conectar tu fuerza y poder con el nivel de sobrevivencia. Esto puede ser bueno para comenzar y para recibir y sentir tu nivel de energía. Sin embargo, conforme progresas necesitas separar los dos. Tu fortaleza y poder deben de emanar dentro de ti, y estar basados en tu sabiduría más elevada. El color anaranjado te ata a energía externa. El riesgo en la base de un poder anaranjado, es que si tu pierdes tu posición socio-económica, tu pierdes la base de tu poder. La meta de encontrar tu fortaleza y poder es para que te sostenga en lo que la vida te presente. **Acción sugerida**: Desarrolla un plan para mover la base de tu poder, de una energía externa a una energía interna. Una manera de hacer esto, es repetir este ejercicio de colorear. Esta vez a propósito, agrega más amarillo y oro al anaranjado. Haz este ejercicio, por lo menos una vez a la semana. Cada vez que repitas el ejercicio, agrega más oro y amarillo, hasta que el anaranjado sea como un oro brillante. Esto está mandando un mensaje a tu ser-interior de que estas cambiando la frecuencia de la base de tu poder a un origen más positivo, interno y espiritual.
Amarillo	Tu poder está basado en tu conocimiento y habilidad para procesar la información. Tal vez tienes una habilidad natural para ensenar, investigar o, crear inventos. Cuando te sientes agotado, o cansado, el leer o aprender algo nuevo, te va a fortalecer.
Verde	Sientes que tu poder está basado en tu fuerza física y condición sana. Parecido al color anaranjado, estas anclando tu poder a algo que es externo y físico. El riesgo es que conforme tu cuerpo físico envejece, o sufre enfermedad, tu poder disminuye igualmente. El objetivo es tener este poder para sostenerte en cualquier situación. Tu poder no debe de disminuir con la edad, al contrario si la edad te trae sabiduría, por lo tanto debes de tener poder conforme te haces más viejo. Pero la excepción es que un cuerpo débil, afecta el nivel de poder espiritual. Pero no es la enfermedad la que interfiere con tu poder. Lo que sucede es que gastas toda tu energía tratando de sanar tu cuerpo,

y tu energía no está al alcance para otras cosas. Hay otra clase de ejercicios que veremos en otra ocasión. **Acción sugerida**: A menudo veo personas que hacen correlación entre su cuerpo físico y su poder. Un ejercicio que muchos han encontrado útil, es que cuando estás trabajando para mover el origen de tu poder, en realidad estas aumentando la conexión física. La razón de esto es que mucha gente hace esta correlación de poder/cuerpo, porque necesitan estar seguros de poder defenderse y defender a los suyos de daño físico. No debes de remover este sentido de seguridad, sin antes reemplazarlo. Repite este ejercicio una vez a la semana. Cada vez conecta el verde de los pétalos completamente hacia el cuerpo de la mujer. Conscientemente pinta bidireccionalmente. Luego con las mismas aplicaciones bidireccionales, agrega color oro y amarillo a esta abundancia de color. El mensaje a tu yo-interior, es que tu poder y tu salud están interconectados y se rellenan y se fortalecen el uno al otro. Estas esencialmente generando y reciclando energía para mantener tu poder. El otro mensaje sublimar aquí, es que tu seguridad física viene de tu poder espiritual.

Azul

Esto habla de balancear tu poder interior, con el deseo de ayudar a otros. Esto también puede ser una clase de energía reciclada. Conforme ayudas a otros, tú generas más energía para ellos y para ti. La diferencia aquí, es que no quieres cruzar las líneas de la flama. Especialmente no quieres que la energía azul vaya de los pétalos al cuerpo de la mujer. El riesgo es que al cruzar la energía azul entre los pétalos hacia el cuerpo de la mujer, están basados en tu poder, salud y belleza en la opinión de los demás. En otras palabras, puedes tener poder, pero estas dando el control del poder a otros. Este azul fuera de control es muy común en humanitarias y líderes espirituales, la razón es para ellos es muy difícil el decir "NO" a la gente aun cuando les dañe personalmente. **Acción sugerida**: Repite el ejercicio, pero esta vez asegúrate que el azul esta contenido dentro de los pétalos. Si sientes que estas batallando con esto, coge un color verde u oro y traza sobre líneas del centro interno de la flor, la flama y el cuerpo de la mujer. Esto envía un mensaje al yo-interno, de que poner límites, está hecho teniendo en mente salud espiritual.

Purpura

Tú poder está completamente basado en tu naturaleza espiritual, creencias y dedicación. Este es un origen si fin. Es el origen que requiere constante concentración y enfoque de ti. Meditación cotidiana. Limpieza, y dedicación espiritual mantendrán el poder fuerte y puro. Conservando la flama fuerte, conserva la salud y belleza fuertes. Este es un sistema espiritual coexistente.

Dorado

Tu poder está completamente basado en tu naturaleza espiritual, creencias y dedicación. Este es un recurso sin fin. La diferencia entre oro y purpura, es que oro, indica que estas en una misión específica. Tienes un llamado o deber espiritual en que estas trabajando. Meditación cotidiana, limpieza y entrega espiritual, mantendrán este poder fuerte y puro. Una flama dorada, significa que estas al portal a otras dimensiones. Es muy importante el saber cómo mantener este portal cerrado asi como mantenerlo abierto. El control es una válvula de seguridad. Si mantienes esta puerta abierta todo el tiempo, vas a comenzar a perder la diferencia de lo que es dimensión en comparación con otras dimensiones.

Mujer Esta sección del dibujo, habla acerca del balance entre la belleza interna y externa. Idealmente las chacras y el cuerpo fueron pintadas de una manera coordinada. Esto implica que existe balance entre el ser interno y externo. Si más énfasis fue dado al cuerpo, normalmente este más concentrado en el aspecto bello de ti, en lugar de tu salud o tu balance.

Blanco	Un cuerpo en blanco significa, que concentrándote en otros aspectos de tu balance, el cuerpo va a seguirlos. Casi seguro lo has pintado en las chacras, esperando que al guárdalos en balance, tu salud y tu belleza van a seguirlos.
Rojo	El elemento que interfiere con tu balance, es enojo, dolor y frustración. Tus emociones están crudas y activas. Ellas están estorbando que pienses bien. Sigue el ejercicio y meditación para soltar la energía roja, para comenzar a tener progreso en tu balance. **Acción sugerida**: Da a tu cuerpo una forma de expresar esta energía acumulada. Sal a caminar, haz ejercicio, canta opera, o toma una hoja de papel en blanco y llénala con rayones fuertes de color rojo. Luego de que esta energía ha sido ventilada, siéntate en una posición relajada con los ojos cerrados. Toma una aspiración profunda, sostenla por unos segundos y exhala. Repite el ejercicio dos veces más. Respirando normalmente, continúa sentado con los ojos cerrados. Ahora con el ojo de tu mente, vete rodeado por una neblina blanca y refrescante, siente como te refresca y te calma. Siente que sana tu dolor. Con cada aspiración respira en esta nube refrescante y sanadora. Con cada exhalación hecha fuera lo que queda de esta energía roja. Después de unas respiraciones, vas a notar que el rojo que estas exhalando es cada vez más tenue hasta que llega a ser de color rosa. Agradece a tu Yo-interior por comunicarse y trabajar contigo y regresar un estado balanceado. Cuenta hasta tres, abre los ojos. Toma una aspiración profunda. Has terminado con el ejercicio.
Anaranjado	Tu preocupación por el nivel de sobrevivencia, te está estorbando de alcanzar un estado balanceado. **Acción balanceada**: Haz el ejercicio del marro y la pared, para que puedas obtener información de cómo vencer estas preocupaciones acerca de tu trabajo y tu hogar. Luego regresa y haz este ejercicio para obtener balance. Puedes trabajar los dos dibujos paralelos por unas semanas.
Amarillo	Tu intelecto está trabajando contigo, para obtener el balance que buscas. Has aprendido nuevas técnicas y las estas usando.
Verde	Tu cuerpo esta sanando conforme obtienes más balance. Conforme obtienes balance vas a notar que tienes más energía y mejor salud.

Azul	Estas más en paz contigo mismo. Ya no estas preocupado acerca de quién eres o, como te ves. Estas listo para decirle al mundo "Esto es lo que soy, acéptalo o recházalo". Puedes aun estar influenciado por lo que los demás digan. Pero está más confortable acerca de ti mismo.
Purpura	Estas trabajando en ser más psíquico. Estas afinando tu cuerpo para que sea un canal de información de otras dimensiones, o conocimiento más elevado. Una palabra de precaución: Necesitas estar seguro de que estas aprendiendo a controlar este estado, para que no andes todo el día perdiendo contacto con tu vida cotidiana y responsabilidades.

Las Chacras De La Mujer Esta sección del dibujo habla del balance entre la belleza interna y externa. Idealmente, las chacras y el cuerpo fueron coloreadas en una forma coordinada. Esto implicara que existe un balance entre lo interno y externo del yo. Si más énfasis fue dado a las chacras. Normalmente te enfocas más en tu yo interno. Cada chacra, tiene su propio color al cual resuena. La guía que esta abajo, discute cual color cada chacra supuestamente debe de tener. Si el color que pintaste, no es el color de la chacra, estas fuera de balance y necesitas limpiar y re-energizar la chacra con su color correspondiente. Practicando el ejercicio del arco iris que esta abajo, es una de las formas más fáciles de obtener balance de la chacra.

Blanco	Una chacra en blanco, comúnmente significa que no estas consciente de cómo trabajan tus centros de energía. Te es necesario aprender cómo trabajan las chacras, para que puedas trabajar en tenerlas en balance. Sigue el ejercicio del arco iris descrito más abajo.

Primera Chacra – Raíz Esta chacra, resuena en frecuencia roja. Es energía pura y primitiva. Está asociada con instintos básicos como: Sobrevivencia física, valor, sexo, violencia y enojo. Si tu primera chacra, tiene otro color, estas fuera de balance como resultado de la influencia de este otro color .Mira como los otros colores son interpretados en secciones anteriores para que te des una idea de que elemento te está sacando fuera de balance. Como ejemplo: Si tienes anaranjado en esta chacra, entonces tu enojo resulta de los problemas que tienes en el nivel de sobrevivencia; ya sea en el trabajo o en el hogar.

Segunda Chacra – Abdomen Bajo Esta chacra resuena en frecuencia anaranjada. Es responsable por el nivel de sobrevivencia. Concierne con el trabajo, el hogar y estabilidad y son procesados a través de esta chacra. Si el color es cualquier otro menos el anaranjado, este elemento te está poniendo fuera de balance. Como ejemplo, si amarillo sucio esta en esta chacra, esto afirma que no has estado haciendo decisiones correctas acerca de tu nivel de sobrevivencia. Obteniendo ayuda para estar bajo control, o hablar con un consejero de finanzas te ayudaría a regresar al color anaranjado.

Tercera Chacra – Plexo – Solar Esta chacra resuena en frecuencia amarilla. Esta es una chacra de combinación. Esta es el cordón umbilical hacia nuestro yo-astral. Nos ayuda a funcionar en el mundo real, permitiéndonos extraer de nuestro astral/interdimensional manantial de poder. Cuando se siente cansancio, esta es la chacra para respirar y obtener un brote rápido de energía. Esta es una chacra que no quieres bloquear, porque sentirías una sensación de sentirte perdido(a) , solo(a),y separado(a) del resto del mundo.

Cuarta Chacra – Corazón Esta chacra resuena en frecuencia verde. Es el centro del amor. Imparte compasión, amor, paciencia, aceptación y nos conecta con el resto de la humanidad. Porque estas energías son el fundamento del balance espiritual. Teniendo esta chacra fuera de balance, puede afectar grandemente tu salud.

Quinta Chacra – Garganta Esta chacra resuena en frecuencia azul. Este es el centro de expresión; incluyendo la escritura, hablar y arte. Este es un lugar en donde a menudo veo mucho la influencia del color. Por ejemplo, tiendo a ver mucha gente con color rojo en esta chacra, lo que quiere decir que ellos tienden a comunicarse desde una base emocional, en lugar de la verdad o de una perspectiva interpersonal. También algunas veces veo color amarillo influenciando este centro , significando que la persona es muy literal en su comunicación, probablemente tienen muchos problemas en sus relaciones a causa de esto.

Sexta Chacra – El Tercer Ojo Esta chacra resuena en frecuencia purpura o índigo. Este el centro de clarividencia. Yo encuentro esta chacra bloqueada en muchos dibujos. Esto quiere decir que la persona no está lista para abrazar su intuición, y esto lo pone fuera de balance.

Séptima Chacra – La Corona Esta chacra funciona en frecuencia violeta. Esta es la conexión con el yo- más elevado y unidad con lo divino.

MEDITACIÓN ARCO IRIS PARA BALANCEAR LAS CHACRAS

Siéntate en una posición relajada y cierra tus ojos. Aspira lenta y profundamente y sostenla por unos segundos, luego exhala lentamente. Repite es ejercicio dos veces más. Respirando normalmente, continua sentado en la posición relajada con los ojos cerrados. Con el ojo de la mente, vete sentado y rodeado por una niebla blanca y fresca. Siente como te refresca y te calma. Siente como te sana con cada aspiración, respira en esta refrescante y sanadora niebla. Con cada exhalación respira echando fuera el estrés y preocupaciones del día. Después de unas respiraciones, vas a notar que estas más calmado y en un estado de relajamiento profundo.

Enfoca tu atención en la primera Chacra. Nota el color que ves, haciendo una nota mental para después, pero no la analices por este momento. Por ahora, solamente quieres concentrarte en limpiarte y balancear esta Chacra. Exhala como que estas inundando la Chacra con energía blanca. Desde una perspectiva visual, casi puedes ver una cascada derramando por atrás la Chacra y derramando enfrente de ti, llevándose todas las impurezas. Ahora checa la Chacra, vela clara, brillosa y color rojo resplandeciente. Esta casi pulsando con poder. Ahora como si estuvieras dando vuelta a la perilla, imagínate que estas afinando el centro de esta energía en forma de flor. Dale vuelta a la derecha y a la izquierda, hasta que sientas que está a nivel para ti. No quieres mantenerla ni muy abierta, ni muy cerrada, siente tu nivel de poder correcto para esta Chacra.

Ahora, enfoca tu atención en la segunda Chacra. Nota el color que vez ahí y haz una nota mental para más tarde, pero no la analices por ahora. En este momento, solamente quieres enfocarte en limpiar y en balancear esta Chacra en tu abdomen bajo. Respira en la niebla refrescante y energética. Cuando exhales, exhala a través de la segunda Chacra. Exhala como si estuvieras inundando la Chacra con energía blanca. Desde una perspectiva visual, puedes ver una cascada de agua fluyendo detrás de la Chacra, y derramando enfrente de ti llevándose todas las impurezas. Ahora checa el color de la Chacra. Vela clara, brillosa y de un anaranjado resplandeciente. Esta rebosando con energía. Ahora como si estuvieras dando vuelta a la perilla, imagínate que estás dando vuelta a este centro de energía en forma de flor. Dale vuelta a la derecha y a la izquierda hasta que sientas que está a nivel saludable para ti.

Continúa este proceso con cada una de las Chacras restantes. Primero derrama la energía blanca sobre la Chacra para limpiarla. Segundo, afínala a tu propia fuerza, dándole vuelta a la derecha para cerrar, o a la izquierda para abrir. Cada Chacra tendrá su afinación correcta. No todas las Chacras tendrán el mismo tamaño. Con lo que estás trabajando en tu vida pone los requisitos para el balance correcto entre las Chacras.

Cuando has limpiado y afinado todas las siete Chacras, visualízate con todas tus Chacras sobre puestas. Ve tu cuerpo rodeado por un campo de energía blanca en forma de huevo. Todo en un paquete saludable y bien arreglado, confortable y seguro. Respira profundamente y sostenlo por unos segundos, exhala lentamente. Agradece a tu yo-interior por comunicarse contigo y trabajar contigo para traer un estado balanceado. Cuenta hasta tres y abre los ojos. Toma un respiración profunda. Has terminado con el ejercicio.

La meditación balanceada, debe de hacerse por lo menos un vez a la semana. Después de haber terminado el ejercicio, puedes hacer notas sobre los colores que viste y usar las guías de interpretación.

El Hombre Con Chacras

Balanceando La Salud, Fuerza, Poder

Si escogiste el hombre con Chacras como tu ejercicio para colorear, esto dice que estás trabajando en la conexión entre el cuerpo y la mente. Este ejercicio provee claves que van un paso más adelante a la conexión entre cuerpo, mente y espíritu.

El simbolismo de diagrama, es que el aspecto interno de nuestro –yo, está muy ligado a lo que proyectamos hacia afuera y como manejamos el mundo externo. Cada una de las flores representan un centro de energía llamado por su nombre en Sanscrito "CHACRA".

Cada Chacra vibra con su propia signatura en la forma de frecuencia de energía. Cuando estos centros de energía están fuera de balance, la distribución de consecuencias puede impactar cada aspecto de tu vida. Cada Chacra está relacionada con un área específica de salud, emoción, y aspecto espiritual. Considera que cada Chacra en nuestro cuerpo es un campo de energía muy grande y cada Chacra es un fusible. Ahora imagínate si uno de los fusibles no está trabajando propiamente. El resto del campo de energía trata de compensar el fusible malo, tomando energía de otras áreas. Por lo tanto esas áreas agotadas comienzan a debilitarse y así continua el efecto. Es por esto que es muy importante mantener estas Chacras limpias y en armonía desde una perspectiva física, mental y espiritual.

ÚNICAMENTE UN COLOR EN TODO EL DIBUJO

Este dibujo está enfocado en ti. Un color en todo el dibujo, significa que tu principal preocupación es acerca de ti mismo. Esto puede ser que es en lo que estás trabajando, o puede ser que estés identificando que área esta fuera de balance.

Rojo
Estas enojado(a) contigo mismo. Te sientes frustrado(a) porque tu cuerpo no está haciendo lo que se supone debe de hacer. Te culpas por todo lo que va mal en tu vida. Necesitas retroceder un paso y comunicarte contigo con menos disgusto y con más compasión. Necesitas trabajar en tener más amor propio y más aceptación. **Acción sugerida:** Da a tu cuerpo una manera de expresar esta energía acumulada. Sal caminar, haz ejercicio, canta opera, o toma una hoja de papel en blanco y llénala con fuertes rayones, atrevidos de color rojo. Ahora que esta energía ha sido ventilada, siéntate en una posición

relajada con los ojos cerrados. Aspira lenta y profundamente y sostenla por unos segundos, luego exhala lentamente. Repite este ejercicio dos veces más. Respirando normalmente, continúa sentado en la posición relajada con los ojos cerrados. Con el ojo de tu mente, vete a ti mismo rodeado por una niebla blanca y refrescante. Siente que te refresca y te calma. Siente que sana tu dolor. Con cada inhalación, respira en esta niebla blanca que te refresca y te sana. Con cada exhalación hecha fuera lo que queda de esta energía roja. Después de unas respiraciones, vas notar que el rojo que está exhalando es más y más tenue, hasta que es de color rosa. Agradece a tu yo-interior por comunicarse y trabajar contigo para regresar un estado balanceado. Cuenta hasta tres y abre los, ojos. Toma una respiración profunda. Has terminado con el ejercicio.

Azul   Te sientes socialmente embarazoso. Te sientes que no perteneces y quieres pertenecer. Si el color es azul sucio, esto dice que el grupo al quieres pertenecer, no es grupo para ti; por eso te sientes fuera de lugar. Si el color es azul claro, entonces estas en un periodo de transición. Tal vez te estas moviendo de un estado socio-económico a otro y aun nos has establecido tu circulo nuevo de amigos. Tal vez te sientes tentado de regresar con el grupo viejo de amigos. Pero este color te está diciendo que sigas fortaleciendo el nuevo grupo de amigos, porque es el correcto para ti en esta época de tu vida.

Verde   Tus preocupaciones principales están centradas en tu cuerpo físico y en su salud. Tienes como meta obtener un cuerpo fuerte y saludable. Si el color es verde sucio, sientes que tu salud no está bien. Tu sistema necesita limpia y sanidad. Si el color es verde claro vibrante, estas saludable y necesitas preguntarte por qué estás tan enfocado en tu cuerpo físico. **Acción sugerida**: Necesitas pensar acerca del concepto que tienes de ti mismo y hacer una revisión real. Si no te sientes sano, ve a ver al doctor. Si ya fuiste a ver al doctor y todo salió bien, pero no puedes dejar de sentirte enfermo, entonces necesitas meditar acerca de que es lo te hacer sentirte enfermo. Si estas en buena salud, pero tienes estrés de que tu cuerpo no se ve como tu crees que debe verse, entonces tu meditación debe de enfocarse de donde vinieron estas expectaciones y porque. Además de la meditación, debes de seguir La acción sugerida que esta abajo y sigue el ejercicio cada mañana antes de comenzar tu día hasta que sientas que tus nociones acerca de tu salud o de tu cuerpo han regresado en balance con el resto de tu vida.

SECCIONES Y COLORES

Fondo Esta sección del dibujo habla de lo que sientes que está actuando en ti. En esta sección es muy importante el analizar las aplicaciones de color y los matices. He visto algunos dibujos en donde el color de fondo está muy perfecto con aplicaciones que apuntan hacia el cuerpo. Probablemente ya has adivinado que esto indica que la persona se siente atacada por su ambiente. Así que si has llenado el fondo. Ve como lo llenaste. ¿Pusiste color desde afuera hacia el cuerpo? Entonces estas consciente de las influencias externas en tu vida y quieres trabajar en ellas, ya sea protegiéndote de ellas, o preparándote para manejarlas mejor. Si pintaste el color del cuerpo hacia afuera y hacia el fondo, estas muy consciente de tu influencia en tu ambiente. Estas trabajando para ser una influencia positiva. Tu preocupación por el ambiente y por los demás, tiene importancia igual a la preocupación que tienes para ti.

Blanco	Un fondo en blanco, significa, que este es tu tiempo. Quieres enfocarte en tu propio balance, salud y poder, antes de discutir los aspectos externos de tu vida. Esto no implica que desconozcas las influencias externas. Esto simplemente significa que te has escogido a ti como el punto de partida hacia una vida mejor.
Rojo	Tu ser-interior está diciendo que vives en un ambiente lleno de emociones; mayormente emociones negativas. La gente que te rodea, el lugar en donde trabajas o vives está lleno de enojo, frustración, o dolor que te está afectando. Ahora si los colores se desplazan desde ti, hacia el fondo, entonces lo que está diciendo es que tu estas creando un ambiente de enojo, frustración o dolor. Por lo tanto mira de cerca en qué dirección aplicaste el color. Si va en las dos direcciones, entonces tú y el ambiente estas trayendo lo peor a cada uno. Están alimentando el enojo del uno hacia el otro. Es necesario tener cambios externos en adición para trabajar en el balance interior.
Anaranjado	Estas rodeado por gente que se enfoca en el nivel de sobrevivencia. Parece que estas en un ambiente que califica a la gente por lo que tiene, y esto está comenzando a empujarte fuera de balance. Nuevamente, hay ciertos cambios que son necesarios para que puedas trabajar en tu balance interior.
Amarillo	Estas rodeado por mucha gente inteligente, y mucha información. Estas teniendo problemas para digerir toda esta información. En otras palabras, Tal vez estas sobre cargado de información. Además, estas permitiendo que esta gente inteligente te cause dudas acerca de ti mismo. Recuerda que la conversación es verdadera si el color va desde ti.
Verde	Estas rodeado por gente que está obsesionada con su cuerpo físico y con su salud. Como en el color anaranjado, la gente en tu vida juzga a la gente por su apariencia. Esta obsesión con el cuerpo físico te está sacando fuera de balance.
Azul	Las expectaciones y juicios de otros, están causando la falta de balance que sientes. Haz dado mucho poder a la gente que está en tu vida, y ellos están usando este poder en contra tuya. Necesitas reclamar el control de tu vida. Comienza a hacer decisiones porque son correctas, pero no porque son las que los demás esperan.

Purpura   Vives en un ambiente espiritual. Yo veo esto en la gente que vive en monasterios, o retiros espirituales. La clave es tomar nota de los beneficios de esta influencia, para que puedas duplicar la experiencia aun cuando no estés físicamente en ese lugar.

Hombre Esta sección del dibujo te habla de tu propia imagen. Típicamente, Veo un solo color en el cuerpo entero, y las Chacras coloreadas separadamente en diferentes colores. Con el cuerpo ocupando más fondo que las Chacras. Sin embargo, si miro más de cerca, en realidad es una variedad en el matiz del color en algunos lugares. Por consiguiente, mira más de cerca tu dibujo. Si el color es más suave o menos fuerte en algunas áreas y no en las otras, entonces tu yo-interior te está apuntando, que estas partes, merecen tu atención. Esto puede significar que tu yo-interior está detectando vulnerabilidad en esa parte de tu cuerpo. Debes de poner acción en esa parte de tu cuerpo para fortalecerlo, ya que tu yo-interior la ha identificado con un color débil.

Blanco   Un cuerpo en blanco dice que te sientes que enfocándote en otros aspectos de tu balance, el cuerpo será beneficiado. Casi es seguro que has coloreado las Chacras y esperas que al conservarlas en balance, tu salud y poder van a seguir.

Rojo   El elemento que está interfiriendo con tu balance es enojo, dolor, y frustración. Tus emociones están si cultivar y están activas. Se interponen para que pienses correctamente. Sigue el ejercicio y la meditación para soltar esta energía roja, para que puedas hacer progreso sobre tu balance. **Acción sugerida**: Da a tu cuerpo una forma de expresar esta energía acumulada. Sal a caminar, Haz ejercicio, canta opera, o toma una hoja de papel en blanco y llénala con rayones atrevidos de color rojo. Luego de que esta energía ha sido ventilada, siéntate en una posición relajada y cierra los ojos. Haz una aspiración profunda y sostenla por unos segundos, luego exhala lentamente. Repite este ejercicio dos veces más. Respirando normalmente, continúa sentado en una posición relajada con los ojos cerrados. En el ojo de tu mente vete a ti mismo sentado y rodeado por una niebla blanca y refrescante. Siente como te refresca y te calma. Siente que sana tu dolor. Con cada aspiración respira en esta niebla blanca y refrescante. Con cada exhalación hecha fuera lo que queda de esta energía roja. Después de algunas respiraciones, vas a notar que el rojo que estas exhalando es más y más suave, hasta que es más de color rosa. Agradece a tu yo-interior el haberse comunicado y trabajado contigo para regresar un estado balanceado. Cuenta hasta tres y abre los ojos. Toma una respiración profunda. Has terminado con el ejercicio.

Anaranjado   Tus preocupaciones por el nivel de sobrevivencia, te están estorbando para alcanzar un estado balanceado. **Acción sugerida**: Haz el ejercicio de Marro y pared, para que puedas obtener información de cómo resolver tus preocupaciones acerca del trabajo y hogar. Después regresa y trabaja en este ejercicio para balance. Puedes trabajar los dos dibujos paralelamente por unas semanas.

Amarillo   Tu intelecto está trabajando contigo, para alcanzar el balance que buscas. Has aprendido nuevas técnicas y las estas poniendo a trabajar.

Verde   Tu cuerpo esta sanando conforme tienes más balance. Has notado que conforme adquieres balance, tienes más energía y mejor salud. Este es el color al cual especialmente quieres mirar por la variedad de matices, como una clave para la parte de tu salud que quieres trabajar.

Azul   Comienzas a estar más en paz contigo mismo. Ya no eres tan consciente de ti mismo, acerca de quién eres, o como te ves. Estas listo para decirle al mundo "este es quien soy, tómalo o, déjalo" Aun puedes ser influenciado por lo que otros digan, pero comienzas a sentirte más confortable acerca de ti mismo.

Purpura   Estas trabajando en ser más psíquico. Estas armonizando tu cuerpo, para que sea un canal de información de otras dimensiones y, o, conocimiento más elevado. Una palabra de precaución: Necesitas aprender a controlar este estado, para que no estés caminando todo el día abierto y perder contacto con tus responsabilidades diarias.

ACCIÓN GENERAL SUGERIDA

Si tu yo- interior te está diciendo que no te sientes confortable de quien eres, entonces, este es un buen ejercicio para que lo sigas. A menudo lo que esta fuera de balance es nuestra imagen propia. Falta de confianza propia, y falta de amor propio, nos daña más, que cualquier cosa que el mundo nos aviente. Así que este ejercicio ayuda a aumentar confianza propia y amor propio. Repite este ejercicio, esta vez coge un color oro, o un color purpura y traza el contorno del cuerpo. Esto crea un escudo protector al derredor tuyo, para que puedas funcionar mejor en un ambiente no amigable. En seguida aplica color al área del cuerpo con un rosa bonito. Selecciona un color rosa con el que te sientas confortable. Cuando mires este color rosa, debe de haber una reacción en ti. Algunas veces, Oigo a la gente decir que su corazón dio un salto, o que hay una sensación de calor en el pecho, o en los brazos. Estas reacciones son tu cuerpo pidiendo ser alimentado de este color. Usa este color rosa en la sección del cuerpo en el dibujo. Esto está mandando un mensaje al yo-interior, así como al yo-consciente, que ames a quien eres, aun si no eres perfecto. Que estás trabajando para alcanzar un mejor estado, y que te amas y te aceptas en cada etapa de tu jornada. Ahora pon color a las Chacras de acuerdo con su propio color como esta descrito abajo. Trabaja en este dibujo, hasta que te sientas feliz y ardiente cada vez que lo veas. Aun puedes poner centellas y un resplandor dorado para resaltar la imagen. Coloca este dibujo en donde lo veas a menudo, para que el plano que has diseñado sea transmitido al subconsciente como nuevas órdenes de trabajo.

Las Chacras Del Hombre Esta sección del dibujo, habla del balance entre lo interno y externo del Yo-interior. Idealmente, las Chacras y el cuerpo fueron coloreadas de una manera coordinada. Esto implicaría que existe un balance entre el interno y externo yo (ser). Y si más énfasis fue dado a las Chacras, actualmente este más enfocado en tu yo interno. Cada chacra tiene su propia frecuencia resonante del color. La guía abajo discute que color cada Chacra se supone debe tener. Si el color que tienes, no es ese color, entonces estas fuera de balance y necesitas limpiar y recargar esa Chacra a su color correcto. Haciendo el ejercicio arco iris que esta abajo, es una de las maneras más fáciles para alcanzar balance en la Chacra.

Blanco   Chacras en blanco, usualmente significa que nos estas enterado de cómo tus centros de energía trabajan. Necesitas aprender cómo trabajan las Chacras, para que puedas trabajar en ponerlas en balance. Sigue el ejercicio arco-iris descrito abajo.

Primera Chacra- Raíz Esta chacra resuena en frecuencia roja. Es energía pura y primitiva. Está asociada con los instintos básicos como sobrevivencia física, valor, sexo, violencia y enojo. Si tu primera Chacra tiene otro color, estas fuera de balance como resultado de la influencia de este otro color. Mira como los otros colores están interpretados en secciones previas, para que tengas una idea de cuales elementos te están sacando fuera de balance. Por ejemplo, si tienes anaranjado en esta Chacra, entonces tu enojo resulta de los problemas en el nivel de sobrevivencia.; ya sea en el trabajo, o en el hogar.

Segunda Chacra – Abdomen Esta Chacra, resuena en frecuencia anaranjada. Es responsable por el nivel de sobrevivencia. Preocupaciones con el trabajo, hogar y estabilidad, estos son procesados a través de esta Chacra. Si el color es otro y no el anaranjado, este elemento te está poniendo fuera de balance. Por ejemplo, si amarillo sucio está en esta Chacra, esto afirma que no has estado haciendo decisiones correctas acerca de tu nivel de sobrevivencia. Obteniendo ayuda sobre gastar bajo control, o, hablando con consejero de finanzas te puede ayudar en regresar al color anaranjado.

Tercera Chacra – Plexos Solar Esta Chacra, resuena en frecuencia amarilla. Esta es una Chacra de combinación. Esta desde el cordón embicar hasta nuestro yo-astral. Esto nos ayuda a manejar el mundo real, permitiendo que obtengamos poder de nuestro astral/interdimensional origen de energía. Cuando te sientas cansado, esta es la Chacra para respirar para obtener un brote rápido de energía. Esta es una Chacra que no quieres bloquear, porque como consecuencia te sentirías perdido, solo y separado del resto del mundo.

Cuarta Chacra – Corazón Esta Chacra, resuena en frecuencia verde. Este es el centro del amor. Canaliza compasión, amor, paciencia, aceptación, y nos conecta con el resto de la humanidad. Porque estas energías son el fundamento del balance espiritual, Teniendo esta Chacra fuera de balance, puede afectar grandemente tu salud.

Quinta Chacra – Garganta Esta Chacra resuena en frecuencia azul. Este es el centro de expresión; incluyendo escribir, hablar, y arte. Este es un lugar en que veo mucha influencia del color. Por ejemplo, tengo la tendencia de ver a muchas personas con color rojo en esta Chacra, lo que significa que ellos tienden a comunicarse desde una base emocional, en lugar de una perspectiva inter-personal verdadera. También veo el color amarillo influenciando este centro, lo que significa que la persona es muy literal en su comunicación, probablemente teniendo muchas contrariedades con sus relaciones a causa de esto.

Sexta Chacra – Tercer Ojo Esta Chacra resuena en frecuencia purpura o índigo. Este es el centro clarividente. Veo esta Chacra bloqueada en muchos dibujos. Lo que significa que la persona no está lista para aceptar su intuición y esto lo está poniendo fuera balance.

Séptima Chacra – Corona Esta Chacra resuena en frecuencia violeta. Esta es la conexión con el más alto-yo y unidad con lo divino.

MEDITACIÓN ARCO IRIS PARA BALANCEAR LAS CHACRAS

Siéntate en una posición relajada y cierra tus ojos. Toma una respiración lenta y profunda, sostenla por unos segundos, luego exhala lentamente. Repite este ejercicio dos veces más. Respirando normalmente, continúa sentado en la posición relajada y con los ojos cerrados. Con el ojo de mente, vete a ti mismo sentado y rodeado por una niebla blanca, suave y fresca. Siente como te refresca y te calma. Siente como te sana. Con cada inhalación, respira en esta refrescante y sanadora niebla blanca. Con cada exhalación hecha fuera el estrés y preocupaciones del día. Después de unas respiraciones, vas a notar que te sientes más calmado y en un estado relajado.

Enfoca tu atención en la primera Chacra. Nota el color que vez ahí, y haz una nota mental para más tarde, pero no la analices ahora. En este momento, solo quieres enfocarte en limpiar y balancear esta Chacra. Respira en esta niebla blanca y refrescante. Cuando exhales, exhala a través de la primera Chacra. Exhala como inundando la Chacra con energía blanca. Desde una perspectiva visual, casi puedes ver una cascada de agua derramando detrás de la Chacra y chorreando en frente de ti, llevándose todas las impurezas. Ahora checa el color de la Chacra. Velo claro, brillante y rojo resplandeciente. Esta casi pulsando con poder. Ahora, como si volteas una perilla, imagínate que estas afinando el centro de esta energía en forma de flor. Voltéala hacia la derecha y hacia la izquierda hasta que sientas que está a un nivel saludable para ti. No quieres dejarla ni muy abierta o muy cerrada. Siente tu nivel de poder correcto para esta Chacra.

Ahora enfoca tu atención en la segunda Chacra. Nota el color que ves ahí y haz una nota mental para más tarde, pero no la analices ahora. Por este momento, únicamente quieres concentrarte en limpiar y balancear esta Chacra en tu abdomen bajo. Respira en la niebla refrescante y energética. Cuando exhales, exhala a través de la segunda Chacra. Exhala como inundando la Chacra con energía blanca. Desde una perspectiva visual, casi puedes ver una cascada de agua derramando detrás de la Chacra y chorreando en frente de ti, llevándose todas las impurezas. Ahora checa el color de la Chacra. Velo claro, brillante y anaranjado resplandeciente. Esta pulsando con energía. Ahora, como si volteas una perilla, imagínate que estas afinando el centro de esta energía en forma de flor. Voltéala hacia la derecha y hacia la izquierda hasta que sientas que esta a un nivel saludable para ti.

Continúa este proceso con cada una de las Chacras restantes. Primero, derrama energía blanca a través de la Chacra para limpiarla. Segundo, afínala a tu poder propio volteándola hacia la derecha para cerrar o hacia la izquierda para abrir. Cada Chacra tendrá su propia afinación. No todas las Chacras serán del mismo tamaño. Lo que actualmente estás haciendo con tu vida. Pone los requisitos para el balance correcto entre las Chacras.

Cuando ya hayas limpiado y afinado todas las siete Chacras, visualízate con todas tus Chacras sobrepuestas. Ve tu cuerpo rodeado por un campo de energía blanca en forma de huevo. Todo en un paquete ordenado, saludable, confortable, y seguro. Toma una respiración profunda y detenla por unos segundos, exhala lentamente. Agradece a tu yo-interior por comunicarse y trabajar contigo para obtener un estado balanceado. Cuenta hasta tres y abre los ojos. Toma una respiración profunda. Has terminado con el ejercicio.

Esta meditación balanceada debe de hacerse por lo menos una vez a la semana. Después de que termines el ejercicio, puedes hacer notas sobre los colores que viste y usar las guías para interpretarlas.

La Flama Eterna Dentro
De La Flor De Loto

Encontrando El Eterno Yo

Si has escogido la Flama eterna como tu ejercicio para poner color, esto en si da una clave. La clave es que sientes la necesidad de encontrar el propósito en tu vida. Estas buscando contestaciones acerca de que hay más allá de esta vida. Estas listo para embarcarte en un viaje en busca de estas contestaciones

Hay dos símbolos claves en este diagrama. El primer símbolo es la flor loto, que significa el universo. El segundo símbolo es la flama, que significa tu propia eterna esencia. Algunas personas han encontrado el significado de esta combinación de imágenes, que significa su propia esencia conforme viaja a través de la rueda de la vida en busca de perfección.

PUNTO DE COMIENZO

En donde comenzaste a colorear? Como en otros diagramas, el punto de partida provee claves sobre donde tu jornada debe de comenzar, o en donde estas ahora en tu jornada.

LOS PÉTALOS DEL LOTUS

Comenzando en los pétalos dice que tienes información de tus vidas pasadas que te van a ayudar en tu búsqueda por contestaciones. Si coloreaste los pétalos encimados, quieres enfocarte en los detalles de tus vidas pasadas; preguntas como ¿quién fuiste? ¿Qué fue lo que lograste? ¿En dónde viviste?

Y si coloreaste las áreas sobre encimadas diferente del resto de los pétalos, esto dice que estas más interesado en conocer acerca del estado entre vidas. Quieres saber qué pasa cuando morimos. No estas interesado en vidas pasadas, únicamente quieres saber acerca del "otro lado"

CENTRO DEL LOTUS

Comenzando en el centro dice que estas en búsqueda de un sistema de creencias que te de contestaciones. Tal vez estés pasando de un sistema de creencia a otro. Lo que sabes es que no estás seguro en que creer. pero sabes que hay algo en que creer y tú lo buscas.

FLAMA

Comenzando con la flama, dice que tu enfoque esta en tu Yo-más elevado; tú yo-astral. Estas consciente de los otros aspectos del diagrama, pero ellos no son tan urgentes como explorar tu Yo- más elevado. Tu pregunta no es "? Que hay en el universo?" sino "?En donde pertenezco?" "? Quién soy?", y " ¿Cuál es mi parte en este esquema de cosas?"

ÚNICAMENTE UN COLOR EN TODO EL DIBUJO

Este es uno de los pocos diagramas en que nunca he encontrado un dibujo con un solo color. Veo algunos con solo unos pocos colores y algunos con cada color en el espectro, Pero no recuerdo haber visto un dibujo con solamente un color.

He encontrado gente que resiste colorear este diagrama y lo dejan en blanco. En la mayoría de los casos la situación era que no estaban listos para enfrentar la idea de eternidad. O, que no estaban listos para discutir más allá de ellos. Ellos fueron clientes quienes tuvieron algunos temas bastante serios relacionados con el nivel de sobrevivencia y sentido de urgencia, sintieron que estos temas los hicieron no querer enfocarse en ninguna otra cosa sino en la situación inmediata.

SECCIONES Y COLORES

Típicamente veo dos tipos de dibujos en este diagrama. Un tipo es donde el dibujo es una mezcla de colores relacionados-purpura, violeta, rosa. El otro tipo es donde veo cada color en el espectro. Cada estilo tiene una historia. Quiero hacer notar que he visto a la misma persona crear los dos tipos de dibujos, dependiendo de lo que estaba trabajando.

La mezcla de colores relacionados, dice que has encontrado que todo en nuestra vida esta inter-relacionado. Cuando algo está bien, o algo está mal, hay el efecto de domino; nada pasa en el vacío. La clave aquí es que los colores que estas mezclando, son las áreas de tu vida que estás armonizando para traer respuestas. La interpretación necesita tomar esto en consideración. Combina la interpretación del color de manera que progrese del uno hacia el otro. Así que, en lugar de pensamientos separados, Deben de fluir juntos como si fueran dos oraciones en el mismo párrafo.

El estilo en donde muchos colores son usados, habla de una persona que quiere hacer sentido de cada cosa en su vida al mismo tiempo. Piensan que han aprendido bastante, experimentado mucho, todo debe tener un significado. Este es un buen reconocimiento de tu vida. El llegar a la realización de todo lo que has hecho, experimentado, planeado, fallado, triunfado, todo es parte del dibujo. Esto en sí mismo comienza a moverse un paso más cerca para ver el propósito en esta vida. Es tener la sensación de tener todas las piezas del romper cabezas sobre la mesa, y algunas de las piezas ya han sido puestas en su lugar. Pero igual que en el rompe cabezas, hay una estrategia de cómo crear el cuadro. Así que, la lección es, que hagas un inventario de todas las piezas que hay. Ahora haz un paso hacia atrás y escoge uno o, dos lugares para comenzar; esto hará el progreso más rápido y más fácil.

LOS PÉTALOS DEL LOTUS

Los pétalos de la flor de Lotus hablan de tus vidas. El color del pétalo habla del aspecto de esa vida que está actuando en tu jornada presente.

Blanco   Estas enfocado en cómo va esta vida y como usar esta información en tu búsqueda por respuestas.

Rojo   Esta es una vida que tiene muchas lecciones y emociones. Fue probablemente una vida difícil con mucho enojo y mucho dolor. El hecho de que se haya presentado, significa que hay una situación en tu vida actual que está tratando de traer fin a el karma asociado con el dolor y enojo de la vida pasada.

Anaranjado   Esta es una vida en que te fue difícil tener lo suficiente para sobrevivir, fue muy dificultoso, Puede ser una vida en que fuiste muy pobre. O, puede haber sido una vida en la cual habiendo sido rico, perdiste todo. Hay algunos temores en el nivel de sobre vivencia que te conectan con esta vida; y necesitan ser resueltos. Las lecciones en una vida anaranjada son responsabilidad, estabilidad, y sobrevivencia. Uno de los lugares para poner fin a esta vida anaranjada, es usar un ejercicio que maneje estos elementos; como el diagrama amanecer/atardecer.

Amarillo   Esta fue una vida en la cual tu información, conocimiento e inteligencia, fueron el tema de tu vida. Posiblemente fuiste maestro, inventor, científico. Algunas veces, una vida amarilla es en donde hiciste descubrimientos y encontraste algunas verdades. Enfocándote en la vida amarilla, puedes traer memorias acerca de que fueron estas verdades y aplicarlas en tu vida de hoy.

Verde   Esta es una vida en la cual trabajaste como sanador, o, en el campo de salud. Cuando estas vidas aparecen con rayones fuertes, comúnmente hablan de una conexión a tu actitud hacia la salud en el presente. Por lo tanto, si en el presente estas muy obsesionado con tu salud, o tu condición física, tal vez estés respondiendo a memorias de tu vida en ese tiempo. Por ejemplo, alguien que murió de hambre en una vida, puede estar obeso en otra. O, alguien que fue físicamente abusado en una vida, puede ser que se sienta seguro en esta vida trabajando en tener un cuerpo fuerte.

Azul   Esta fue una vida en donde el tema fue la gente. Los tiempos en una vida azul, tienen como sus lecciones, Amistad, lealtad, y sacrificio propio por un bien más grande.

Purpura	Esta fue una vida en donde fuiste un líder espiritual. El tema y las lecciones fueron relacionadas con los sistemas de creencias, fe, espiritualidad, y crecimiento personal.

El Centro De La Flor El centro de la flor, habla de tu jornada en busca de información y contestaciones. Esta es tu conexión con la verdad universal.

Blanco	Esto significa que nos has aprendido a conectarte con el reino del conocimiento más elevado. Si tienes color en los pétalos y color en la flama, entonces un centro en blanco, significa que tienes todas las piezas, pero que nos has figurado como encajan juntas.
Rojo	Esta es tu pasión por la verdad que te hará posible encontrar contestaciones.
Anaranjado	Esta es tu habilidad de convertir algo esotérico en aplicación práctica que te permita encontrar contestaciones.
Amarillo	Esta es tu dedicación al conocimiento y aprendizaje que te traerá las contestaciones que buscas.
Azul	Para ti, trabajando con un grupo, es la manera en que encontraras la verdad. necesitas la validez de un grupo de apoyo que te ayude en tu jornada.

Flama La flama representa tu yo – espiritual. Tu sabiduría y conocimiento alimentan esta flama. Antes de mirar los colores, Analiza el tamaño de la flama. ¿Pusiste color hasta las líneas de la flama? ¿Te extendiste más allá de la línea de la flama? ¿O, dejaste algún blanco entre tu color y la línea de la flama? El tamaño de la flama indica que confiado estás en tu Yo-Espiritual. Si tu flama es chica, esto dice que tú sientes que acabas de comenzar en esta jornada. Estas casi tímido acerca de admitir que eres un ser espiritual. Una flama grande que se extiende más allá de la línea, dice que estas muy confiado en tu conocimiento espiritual y en tu verdad. En este caso puede haber algo más en este dibujo en que estas trabajando, desde que parece que tu confianza espiritual no necesita ayuda. Si el color va hasta la línea, pero no va más allá de la flama, esto dice que sientes que estas en el lugar correcto y en el tiempo correcto para aventurarte más adelante en tu jornada. Te sientes listo y capacitado.

Blanco	Esto significa que no has aprendido a conectarte con el reino del conocimiento más elevado. Si tienes color en los pétalos y color en la flama, entonces un centro en blanco significa que tienes todas las piezas pero aun no has figurado como ponerlas juntas.
Rojo	Esta es tu pasión por la verdad que te hará posible encontrar contestaciones.
Anaranjado	Es tu habilidad de cambiar algo esotérico en una aplicación práctica que te permitirá encontrar tus contestaciones.

Amarillo Es tu dedicación al conocimiento y aprendizaje que te traerá las contestaciones que buscas.

Azul Para ti, trabajando con un grupo, es la manera en que encontraras tu verdad. Necesitas la validación de un grupo de apoyo para que te ayude en esta jornada.

Flama Esta flama representa tu yo-espiritual. Tu sabiduría y conocimiento alimentan la flama. Antes de mirar los colores, analiza el tamaño de la flama. ¿Pusiste color hasta llegar a los límites de la flama? ¿Te extendiste más allá del contorno de la flama? ¿O, dejaste un espacio en blanco entre tu color y el contorno de la flama? El tamaño de la flama, habla de que confiado estás en tu yo-espiritual. Si tu flama es pequeña, esto dice que sientes que apenas has comenzado en este camino. Estas casi tímido al admitir a ti mismo, que eres un ser espiritual. Una flama larga que se extiende más allá del contorno, dice que estas muy confiado en tu conocimiento espiritual y en la verdad. En este caso puede haber algo más en este dibujo en que estas trabajando, parece que tu confianza espiritual no necesita ayuda.. Y si el color va directamente hacia el contorno, pero no va más allá de la flama, esto dice que sientes que estas en el lugar y tiempo correcto para aventurarte en tu jornada. Te sientes listo y capacitado.

Blanco No veo esto muy a menudo. Las veces que lo he visto, la persona se sentía muy derrotada. Se sentía que trato muy duro y no llego a ningún lugar. Se sentía cansado(a) y agotado. Por lo tanto una flama en blanco puede significar que necesitas descansar y recuperarte antes de seguir adelante. Está seguro de que este es un obstáculo temporal. **Acción sugerida:** Llena la flama con un color dorado. Esto le dice a tu yo-interior que saque de la energía más alta para rellenar tu centro de poder. Ahora espera un día o dos y luego repite el ejercicio para ver si has regresado.

Rojo Estas muy ansioso de comenzar; casi demasiado ansioso. Estas apasionado en tu búsqueda. Necesitas dejar ir algo de esta excitación y emoción antes de proceder. Estas vibrando en una frecuencia muy fuerte para ser un receptor claro. **Acción sugerida**: Agrega un poco de blanco para que el color sea más de color rosa. Enfócate en ese color hasta que sientas que te estas calmando. Luego, continúa con la interpretación, o haz el ejercicio nuevamente.

Anaranjado Tu eres una persona de acción y sientes que has estado haciendo bastante pensando y planeando, pero no haciendo suficientes "hechos". Parecido al rojo, necesitas dejar ir alguna de esta energía física antes de proceder en tu jornada, porque esto está interfiriendo con tu recepción. Antes de meditar, debes salir a caminar, estirarte, o hacer algo físico para dejar ir esta energía. **Acción sugerida**: Agrega algo de amarillo a la flama para que el color sea más de un matiz dorado. Esto hace saber a tu yo-interior que puedes separarte físicamente lo suficiente para poder enfocarte espiritualmente.

Amarillo   Estas intelectualizando bastante. Padeces un caso de análisis espiritual paralitico. Eres un pensador por naturaleza, esto es algo en que necesitaras trabajar conscientemente. Haz un esfuerzo de dejar el análisis fuera hasta el final. Permítete recibir información, documéntala y toma el tiempo necesario para analizarla. En este momento estas tratando de hacer las dos cosas al mismo tiempo y trabajando en contra tuya.

Verde   Tu yo-interior considera tu cuerpo un templo. Por lo tanto para ti, el camino a la iluminación es a través de un cuerpo limpio y puro.

Azul   Es tu amor por la gente, que te dará el discernimiento a la verdad que buscas. El observar a otros en su búsqueda por la verdad, podrás estar capacitado para ver lo que tu propia jornada tendrá.

Acerca Del Autor

Martha Soria Sears es una hipnoterapista clínica y consultante de negocios y transformación personal. Por treinta años, ella ha dado clases y ha instruido gente acerca de cómo obtener cambios en sus vidas. Sus clientes son de toda clase de personas, profesionales y no profesionales. Martha usa un método multidisciplinario en su consulta de transformación, que incluye trabajar con los cinco sentidos, color, visualización, e hipnoterapia. Su método ha sido comprobado con mucho éxito, tanto en los negocios como en las aplicaciones personales cotidianas.

Desde el comienzo de su trabajo, Martha noto que solamente hablando con la gente y suministrando información no era suficiente para tener un cambio en su situación. Sus clientes sentían que necesitaban poseer su solución de una manera más tangible. Martha respondió a esta necesidad, desarrollando instrumentos y técnicas que permitieron a sus clientes participar en la solución diseñada para permitir que su yo- interior participara con ideas y respuestas en el proceso.

Martha es la fundadora y presidente de SorSea, una compañía dedicada al desarrollo de productos de ayuda personal, métodos, talleres, y libros. Martha y su familia viven actualmente en Beaverton, Oregon, USA.